目　次

JN094888

はじめに

坂本　旬

報告書の背景

　新型コロナウイルス感染症が世界的流行（COVID-19パンデミック）となり、学校に１人１台の端末環境を実現するGIGAスクール構想は緊急時に端末の自宅持ち帰りを可能にするものへと変更された。周知のように、COVID-19パンデミックによって全国の学校が臨時休校となり、オンライン授業を余儀なくされつつも、文科省の調査（2020年６月）によれば同時双方向型オンライン指導を行った公立学校は小学校から高校を合わせても15％にすぎなかった。こうした事情から、端末の家庭持ち帰りが強く求められたのだが、それに伴う教育体制は極めて不十分なものであった。

　2020年12月18日には、本報告書執筆者のうち、筆者や芳賀高洋、豊福晋平、今度珠美による『デジタル・シティズンシップ　コンピュータ１人１台時代の善き使い手をめざす学び』（大月書店）が出版された。この本はデジタル・シティズンシップの基本的な考え方をまとめたものである。本書はこれまでほとんど知られていなかったデジタル・シティズンシップという用語を教育界に普及させる原動力となった。現在では学校のみならず、自治体単位でもデジタル・シティズンシップを教育政策に取り入れようとする動きさえある。デジタル・シティズンシップ教育をめぐる状況は大きく変わった。本プロジェクトチームにおいても次第にデジタル・シティズンシップ教育の比重が増したのである。

デジタル・シティズンシップ教育の基礎

　コンピュータ１人１台のGIGAスクール時代の到来は、必ずしも子どもたちが自由にコンピュータを学習に利用する時代とは限らない。デジタル・シティズンシップ教育が普及するためには、数多くの壁があり、困難がある。また、デジタル・シティズンシップは、単なる情報モラルの言い換えではない。デジタル・シティズンシップは、シティズンシップ教育の一部であり、民主主義と人権を土台にした教育理念である。現実には、情報モラルの授業そのものが十分に行われておらず、外部講師による講演に代えられることが多い。さらに、下着の色まで指定する校則で縛る生徒指導を行っているような学校環境の中で、デジタル・シティズンシップ教育を実施することはできない。子どもへの信頼が大前提である。また、いじめ対策に真剣に取り組まない学校は、ネットいじめにも真剣に取り組まないであろう。SNS利用を規制してもネットいじめはなくなら

ない。人権を土台としたシティズンシップ教育がなければ、デジタル・シティズンシップ教育は実践できないのである。

もう一つの問題は、「情報活用能力」の問題である。情報モラルは情報活用能力の一部とされており、責任をもって情報を取り扱う態度や情報社会に参画する態度であるとされる。情報モラルが情報活用能力の一部ならば、単に情報モラルをデジタル・シティズンシップ的なものにするだけでは不十分である。デジタル・シティズンシップは単に情報社会に参加する能力ではなく、ICT活用を通じて市民社会そのものに参画する能力だからである。そのため、デジタル・シティズンシップにはメディア・リテラシーや情報リテラシーが含まれる。つまり、デジタル・シティズンシップは「情報活用能力」の上位概念である。

報告書の概要

本報告書は、上記に述べた課題を検討するための第一歩となるべく、作成された。報告書の概要を簡単に紹介する。

第1章（担当：芳賀高洋）「情報モラルの歴史から考える」は、GIGAスクール構想1人1台端末・1人1アカウントの時代において、抑制的な情報モラル教育から、前向きで創造的なデジタル・シティズンシップ教育への転換を図ることを前提に、情報モラル教育の歴史を整理し、デジタル・シティズンシップ教育との違いを解説している。

第2章（担当：林　向達）「GIGAスクール構想とは何か」は、GIGAスクール構想の概要をまとめている。当初の構想から、COVID-19パンデミックを契機に2020年度の補正予算「GIGAスクール構想の加速による学びの保障」によってクラウドを活用した、緊急時の端末自宅持ち帰りを可能にする新たなICT環境が整えられることになった。その背景や内容を詳細にまとめている。

第3章（担当：石原一彦）「1人1台の時代の情報モラル教育」は、情報モラルからデジタル・シティズンシップへの具体的な移行の方法についてまとめたものである。まだデジタル・シティズンシップ教育が学習指導要領に位置づいていない現状では、情報モラル教育のアップデートがより現実的な方策であろう。その具体的な実践方法を提示している。

第4章（担当：豊福晋平）「GIGAスクール構想とデジタル・シティズンシップ教育」はデジタル・シティズンシップの考え方とGIGAスクールの関係を解説している。1人1台への運用転換は、学校に情報ライフラインをもたらし、日常のデジタル化を推し進めるが、GIGAスクール導入はどの段階を経て展開され、デジタル・シティズンシップ要素がどう埋め込まれるのだろうか。そして、端末のAUP（利用規約）の策定とアメリカのNPOコモンセンスが開発した教材を用いた初期プログラムを紹介している。

第5章（担当：今度珠美）「デジタル・シティズンシップ教育の実践と課題」は、

NPOコモンセンスが作ったデジタル・シティズンシップ教材とカリキュラムを詳細に紹介している。より先進的な学校では、情報モラルのアップデートではなく、アメリカのデジタル・シティズンシップ教育の教材やカリキュラムを活用したいと考えるだろう。本章は情報モラル教育のアップデートからデジタル・シティズンシップ教育への移行を支援する。

第6章（担当：坂本　旬）「デジタル・シティズンシップ教育の挑戦」は、2021年1月に公表された中教審答申「『令和の日本型学校教育』の構築を目指して〜全ての子供たちの可能性を引き出す，個別最適な学びと，協働的な学びの実現〜」を批判的に分析するとともに、新型コロナウイルス感染症流行後のデジタル・シティズンシップ教育のあり方について、アメリカの状況を参考にしながら検討している。

今後の課題

デジタル・シティズンシップは、国際教育テクノロジー学会（ISTE）による6つの生徒用基準のうちの一つだが、今後は、それ以外の5つの基準についても日本での導入について検討する必要がある。それは、エンパワーされた学習者、知識の構成者、革新的デザイナー、コンピューテーショナル・シンキングができる人、創造的なコミュニケーター、グローバル・コラボレーターである。こうした視点は日本の情報活用能力の概念には含まれていない。新学習指導要領のもとで、デジタル・シティズンシップを含め、既存の情報活用能力を超えた概念を用いた実践を行うためには、ESDやSDGsの視点を取り入れることがもっとも効果的だと考えられる。

小学校の学習指導要領前文には「多様な人々と協働しながら様々な社会的変化を乗り越え、豊かな人生を切り拓き、持続可能な社会の創り手となることができるようにする」と書かれている。これはESDやSDGsの理念そのものであり、新学習指導要領はこの理念を土台にしていると考えられる。当然のことながら、それはICT機器の活用という場面においても、その理念は常に意識されるべきであり、カリキュラム・マネジメントにおいても、この理念を基準として行われるべきだろう。デジタル・シティズンシップは子どもたちを前向きにするポジティブな理念だが、それは同時に教職員もまたポジティブな存在にする。教職員と子どもは世界をより良いものにするためのパートナーなのである。

1 情報モラルの歴史から考える

芳賀高洋

　本章は、GIGAスクール構想——1人1台端末・1人1アカウントの時代において、抑制的な情報モラル教育から、前向きで創造的なデジタル・シティズンシップ教育への転換を図るために、筆者が数年来収集してきた文献や資料を基に、情報モラル教育の歴史を客観的に考察する。

　過去、どのような経緯で情報モラル教育がはじめられたのか、どのように社会や教育界に受け入れられてきたかを年代別に考察し、いつごろ、どのような経緯から、情報モラル教育の課題が顕在化したのかを明らかにし、デジタル・シティズンシップとの相違点を俯瞰する。

1 情報モラルの誕生

　1980年代後半に生まれた情報モラルの基になる議論の嚆矢は、1960年代末に大流行をみせた未来学としての「情報社会論」、そして、そのアンチテーゼである「情報公害論」である。本節では、情報モラルの誕生までの歴史的背景を詳しくみる。

1.1 情報社会論

　日本の高度経済成長期にあたる1960年代後半から1970年代にかけて「情報社会」、「情報化社会」を巡る議論（以下、情報社会論とする）が一種のブームとなった。

　情報社会論の定義については様々な見解があるが、大石（1998）[1] は、情報テクノロジーを基盤とした「情報化の進展が大規模な社会変動を引き起こし，産業社会とは異なる情報社会を生み出しつつあることを主張する」ことであると指摘する。

　しかし、情報社会論のブームは、70年代なかばに終焉を迎える。

　情報社会論の第一人者と目され、80年代の臨時教育審議会では「情報化への対応」の委員となって情報モラルという語の生みの親の一人でもある公文（2012）は、情報社会

学会研究発表大会の特別講演『新楽観主義：知の進化論』[2]において、「90年代以降の日本では、悲観論が横行 ○1945-72：希望：高度成長の大きな物語 ○1975-90：幻滅：物語の虚構性への疑念 ○1990-10：大きな物語の消滅 ロスジェネ」と、情報社会論ブームが落ち着きを見せた1975年以降を「幻滅」の時代と評している[3]。

1.2 情報公害論

　一方で、1970年ごろから「情報社会論」を批判する「情報公害」[4]や「コンピュータ犯罪論」が議論の対象となる。これらは情報社会学者ではなく、著名ジャーナリストや理想的な情報社会を決定づける基盤技術の研究を行うコンピュータ科学者らによって問題提起されている。

　1971年情報処理学会発行の『情報処理 12』の「談話室レポート『情報公害シンポジウム』」[5]にて一松（1971）は、「「情報公害」という語は、「JIS情報処理用語解説」によると、情報、情報化、情報処理などによる環境汚染、1971年の流行語」であり、その定義は「犯意にもとづかず利益追求などの特定の目的の副作用として、不特定多数の者が被害を受け、しかもその加害者が一見不明確に見える害現象」と述べている。そして、「とくに問題になるのは、個人情報の大規模なデータバンクの悪用および誤りによる被害であろう」と指摘している。

　このシンポジウムでは、「情報の法的保護」、「情報産業メーカーの公的性格」、「情報の量の増大」、「情報洪水」といったテーマのほか、ソフトウェアの法的保護など著作権問題やセキュリティ技術、コンピュータ犯罪、教育における課題[6]等が取り上げられている。ただし、「情報公害は、現在のところ、まだそれほど切実な問題とは感ぜられていない」（一松、1971）という認識であった。

　また、この「情報公害シンポジウム」で「コンピュータ犯罪」のタイトルで講演し、後に日本のインターネットの父とも言うべき存在となる石田（当時、東京大学計算機センター）は、『朝日ジャーナル15』で「漸増するコンピューター犯罪（欠陥を暴露したコンピュートピア）」（1973）[7]等を著している。

　このように、「情報公害」、「コンピュータ犯罪」は、情報社会論の一分野ではなく、当時の情報社会論に対するアンチテーゼであった。

　だが、この「情報公害」という語も、1973年に筑摩書房の『言語生活』第257号で「情報公害」特集（9件の関連寄稿）があった後、76年と78年に各1件の文献タイトルが見られるだけで、その後はほぼ使用されなくなり、死語と化している。

1.3 高度情報社会論

　1980年代に入るとコンピュータだけではなく、通信、すなわちネットワーク社会の行く末が語られることになった。特に、1981年以降、16bitパーソナル・コンピュータが

発売[8]され、電電公社（現NTT各社）の「高度情報通信システム」[9]が提案されるなどの動きから、ポスト「情報社会」と言うべき、「高度情報社会」の語が発生している。

「高度情報社会」という語はAdvanced Information Societyと英訳[10]され、そのニュアンスは、時間的な縦軸の急進性を表す高度経済成長（Rapid Economic Growth）社会のような「高度」とは異なり、縦軸にも横軸にも広がる拡張された複雑高度な情報社会を表現する語である。

そうした中で、1984（昭和59）年、中曽根康弘首相（当時）が、「高度情報化社会に関する懇談会」を設置[11]している。

1984年には、国内でパソコン通信も始まっているとされる[12]。また、前述の石田に加えて村井らが、1984年10月に慶應義塾大学、東京工業大学、東京大学の3大学を、電話回線を通じてUUCP接続するJUNETを発足している。石田、村井らは、JUNETとは別途に情報通信技術に関する産学連携研究であるWIDEプロジェクトを発足し、1988年に初めてインターネットへのIP接続を実現している[13]。

そして、ここにきて、情報公害論で語られた様々な問題やコンピュータ犯罪が、SFではなく現実的な問題として議論のテーマとなりはじめる。

世界初のパーソナル・コンピュータにおけるコンピュータ・ウィルス[14]は、1982年に高校生がAppleコンピュータ用に作成した "Elk Cloner" であるとされる[15]。

インターネットを通じて国家機密情報を盗む国際的情報犯罪を追跡したノンフィクション、クリフォード・ストールの *The Cuckoo's Egg*（邦題『カッコウはコンピュータに卵を産む』）は1989年発行であるが、実際の事件は1986年以後に発生している[16]。

1.4　高度情報社会論と教育

初等中等教育におけるコンピュータ利用が現実的となったのは1970年代である。文部省官房統計課（当時）が発行していた『統計と教育』が、1973年から『教育と情報』に名称変更[17]され、教育における情報化に関する記事等を掲載するようになった。また、林（2019）によれば、1974年から1977年にかけて小中高校にコンピュータによる教育支援システムであるCAI（Computer-Assisted Instruction）が試験的に導入されている[18]。

高度情報社会論が盛んとなり、臨教審が審議を開始した1985（昭和60）年、文部省（当時）は『情報化社会に対応する初等中等教育の在り方に関する調査研究協力者会議』を設置し、「情報化社会に対応する初等中等教育の在り方に関する調査研究」を開催している。設置は1985（昭和60）年1月26日、初会合は同年2月21日である。

また、『情報化社会に対応する初等中等教育の在り方に関する調査研究協力者会議第一次審議とりまとめ』（以降、第一次審議）が同年8月22日に公表された[19]。この協力者会議には、「情報公害シンポジウム」等で主導的な役割を担った石田晴久のほか、教育工学を専門とする坂元昂（当時、東工大教授）、西之園晴夫（当時、京都教育大教

授）、水越敏行（当時、大阪大学教授）らが名を連ねる。

　第一次審議では、「学校教育におけるコンピュータ利用等について」、「ア、コンピュータ等を利用した学習指導」、「イ、コンピュータ等に関する教育」、「ウ、教師の指導計画作成等及び学校経営援助のための利用」の「三形態」の推進が提言されている[19]。これを現代風に言い換えれば、アはCAI等による「学習の情報化」、イは「情報教育」、ウは「学校業務（校務）の情報化」の推進となる。

　この「三形態」について、いずれも諸外国（先進諸国）の積極的なコンピュータ導入と比較して、「我が国の学校におけるコンピュータ導入は、上に述べた諸外国に比してかなり少ない状況」で「諸外国に大きく遅れて」いると指摘している。このことから、日本の情報化の遅れに対する危機意識を読み取ることができる。

　ところが、その一方で、「我が国としては、新しい情報化社会への学校教育への適応という視点で、ある意味の独自性を目指して取り組む必要がある。すなわち、印刷物、映像、通信等の諸メディアと結びつけながら、学校教育の在り方そのものを魅力的にし、活性化していくための一助としてこれを利用する構想が検討されるべきであろう。その意味では拙速を避け、十分吟味して真に有効な方途により導入を図る必要がある」[19]と、慎重論が展開されている。

　これは、まず、第一次審議とりまとめ「第4章　1　教務や事務等のための利用の推進」における、「これは、第1章で述べた学校教育とコンピュータとのかかわりに関する三つの形態のうちの一つであり、他の二つの形態（※筆者註：上述のアとイ）が直接教育内容・方法にかかわることから、児童生徒の心身の発達に及ぼす影響等、慎重な検討が必要であるのに対し、この形態は一般社会での利用の仕方と共通するところが比較的推進しやすい分野」との記述から、子どもの教育にコンピュータを利用することへの慎重論である。

　第一次審議とりまとめ「第2章　学校教育におけるコンピュータ利用等の基本的考え方」では、「学校教育は基礎的・基本的事項を確実に身に付けさせ、教師との間、児童生徒相互の人間的触れ合いを通じて、知・徳・体の調和ある成長・発達を促す使命をもつ」とした上で、「テクノストレスなど心身への影響の配慮、人間や自然等との触れ合いの確保などは、従来以上に深めていく必要がある」と述べられている。この文言は、後の臨時教育審議会の第二次答申の文言と一致する。

　この会議について教育工学の研究者で当時CAI等の研究を進めていた西之園（1987）は、『教育と情報』第350号の「我が国におけるコンピュータ教育の推進」と題した寄稿で、「学習指導におけるコンピュータ等の利用と、コンピュータ等に関する教育とにわけて検討された」[20]としている。すなわち、教科授業等でコンピュータを活用するCAI[21]と、コンピュータ・テクノロジーや情報の処理を教える教育を区別して検討をしている。

　また、この協力者会議は、「臨時教育審議会や教育課程審議会に先立っての検討であった」（西之園、1987）という。

　したがって、協力者会議では情報モラルは審議されていない。なお、臨教審の公布（設置）は1984年であるため、厳密には協力者会議は「臨時教育審議会答申に先立っての検討」であると思われる。

　だが、その一方、西之園（1987）は1985（昭和60）年2月21日の協力者会議で検討された項目として、「次のような教育を目指すべき」として「情報化社会における社会人としての倫理観の育成」を示している。また、「初等中等教育において」として、教育区分「情報教育」、領域「情報社会倫理」、主として関連する教科「道徳、社会」、主な概念・能力「人権、著作権、プライバシー保護」などを列挙している。

　さらに、西之園と同じく教育工学の研究者である水越（1987）が『教育と情報』第356号に寄稿した記事の「情報活用能力の内容とその育成」の項で、「1　調査研究協力者会議からの提案資料の要旨①情報活用能力の意義・内容　②情報化社会の特質、情報化の社会や人間に対する影響の理解（プライバシーや情報犯罪、VDT-Visual Display Terminal環境と健康問題）③情報の重要性の認識、情報に対する責任感（情報の受信者兼発信者としての社会的な倫理観）」と述べ、「1-(1)-③にあげた一種の"情報倫理"に相当するもの、情報の受信者であるとともに発信者でもあることの社会的責任の自覚なども情報活用能力に含めるか否かについては、論の分かれるところだろう。私は含めて考えるべきだとの立場をとる」[22]と、情報に対する責任を「情報倫理」の語で表現している。

　西之園や水越が寄せた記事は、臨時教育審議会の第三次答申後であり、1985年の協力者会議事録そのものではないため断定はできないものの、情報モラルに類似の「情報社会倫理」と「情報倫理」という語が、1985年2月の時点で文部省に記録された可能性がある。

　本章筆者は2014年10月4日に西之園晴夫氏に直接電子メールでインタビューを行った。西之園氏からは、当時の資料はすでに破棄してしまったものの、「情報倫理」という語を用いた事実は間違いないとの回答を得ている。では、なぜ「情報倫理」の語を用いたかについては、2014年の日本科学教育学会学術賞受賞講演における発表原稿[23]を資料として、「情報倫理という言葉を最初に使用したのが私であったかどうかは不明ですが、教育工学を技術の視点から見るときにその出発点になっているのはアリストテレスのニコマコス倫理学です。したがって私の文脈では技術や実践には倫理学がその根底にあります」（西之園、2014）と述べている。

1.5　臨時教育審議会と情報モラルの誕生

　臨時教育審議会（以降、臨教審）は、中曽根康弘総理大臣（当時）が主導し、1984（昭和59）年8月8日法律第65号に公布の『臨時教育審議会設置法』によって、総理府（当

時）に設置された行政機関である。合計4回の答申を経て1987（昭和62）年8月7日の最終答申をもって解散した。

情報モラルの語と概念は、この臨教審の一連の総会での審議を経て、公式には1987（昭和62）年4月1日の臨教審第三次答申第5章「時代の変化に対応するための改革」第2節「情報化への対応（1）情報モラルの確立」として提言された。

表1に、情報モラルの語が発表されるまでの経緯を示す。

表から、情報モラルという用語が初めて使用されたのは、1986（昭和61）年12月3日第66回総会であることがわかる。

これは『臨教審だより No.25（1987）』の「『審議経過の概要（その四）』素案固まる」によって確認できる。また、『臨教審だより』に1986（昭和61）年12月3日に開催された第66回総会の記録として、「4『情報観』の確立（1）情報モラルの確立 ①情報社会で生きるための倫理の確立②情報価値の認識③情報社会における基本常識の確立」とあることからも確認できる（表1参照）。

ところが、この総会直後の1987（昭和62）年1月8日付の『審議経過の概要（その四）構成案』では、「（1）情報モラルの確立」は、「（1）『情報観』の確立」に修正された。さらに、その後の同年1月末日（参照した資料では「一月三十三日」と誤記載）の「審議経過の概要（その四）（要旨）」でも、「4『情報観』の確立 （1）『情報観』の確立 ア．情報化社会で生きるための倫理の確立」と記載されている。

以上のように、臨教審第二次答申から辿れば、まず「情報公害への対応」が審議され、つづいて「『情報観』の確立」と「情報モラルの確立」が提言される。そして、いったん、「情報モラルの確立」は「『情報観』の確立」となる。さらに「（1）情報観の確立」に「ア．情報化社会で生きるための倫理の確立」という項目が追加され、第三次答申では、その追加項目がなくなって、最終的に「情報モラル」という用語に落ち着いたことがわかる。

また、第三次答申のように「情報化への対応」の章の第一番目（最上位）の項目として「情報モラルの確立」が初めて示されたのは、第三次答申直前の1987（昭和62）年3月18日の第78回総会であったことがわかる。

このような経緯で1987（昭和62）年4月1日の臨教審第三次答申で情報モラルは公表された。

答申では、冒頭の第2段落で「今後、情報化のもたらす光と影を十分に踏まえ、自然環境や伝統文化との融合を図りながら、豊かな人間性が発揮される情報化社会の構築を目指すべきである」と述べられている。

具体的課題[24]としては、「個人が情報の被害者となるだけでなく加害者となるおそれ」、「「ハッカー」によるコンピュータへの外部からの侵入」、「写真雑誌等におけるプライバシーの侵害」、「無断コピーによる著作権の侵害」等を例示している。

表1 情報モラルが発表されるまでの審議過程

日時	答申名、会議名等	情報モラル関連の表記や会議題、内容等
1986.4.23	第二次答申	省略
1986.6.24	情報化委員会第9回	「電子メディアが子供の教育に与える効果」ジェラルド・S・レッサー（ハーバード大学教授）
1986.7.16	第58回総会	(4) 情報公害への対応（テレビなど情報媒体の問題点）
1986.9.2	情報化委員会第12回	「インテリジェント・シティー」伊藤滋、水鳥川和夫「情報リテラシー教育」坂元昂（東京工業大学教授）
1986.9.16	情報化委員会第13回	「教育現場におけるニューメディアの利用」鈴木勢津子（大田区立山王小学校）、相原寛（和光市立第三中学校）
1986.10.21	情報化委員会第15回	「地域情報ネットワークシステム」東京電力技術研究所平山所長ほか
1986.11.4	情報化委員会第16回	「放送大学東京第二学習センター及び学術情報センターの見学」
1986.11.5	第2部会ヒアリング	「有害環境と少年非行」藤本哲也（中央大学教授）「マスメディアの潜在力」（野田宏一郎、日本テレワーク（株））
1986.12.3	第66回総会	4 「情報観」の確立 (1) 情報モラルの確立
1986.12.10	第68回合宿集中審議	「マスコミの現状と問題点」
1986.12.16	情報化委員会第18回	「委嘱調査研究『情報化に対応する教育に関する研究調査』中間報告」坂元昂（東京工業大学教授）
1987.1.8	審議経過の概要（その四）構成案	4 「情報観」の確立 (1) 「情報観」の確立 (2) テレビなど情報媒体の問題点 (3) 情報機器の持つ問題点
1987.1.31	審議経過の概要（その四）（要旨）	4 「情報観」の確立 (1) 情報観の確立 ア．情報化社会で生きるための倫理の確立
1987.2.4	第73回総会	生涯学習・情報化について意見交換（内容不明）
1987.3.11	第77回総会	項目整理、「第5章 時代の変化に対応するための改革 第2節情報化への対応のための諸改革」
1987.3.18	第78回総会	「情報観の確立」は、「(1) 情報モラルの確立」に戻される。最下位「4」から最上位「1」へ配置が変更される。
1987.4.1	第三次答申	初の情報モラル公表

　そして、「情報機器への接し方や情報の受けとめ方などについて、従来の社会とは異なる基本的な常識が必要」、「ソフトウェアがハードウエアに比べて軽視される傾向が強い」、「情報の価値についての基本的な認識が確立していない」との現状認識を述べ、「交通道徳や自動車のブレーキに相当する」と情報モラルを定義している。

　ところが、こうして公表された情報モラルは、同じタイミングで改訂された1989年改訂の学習指導要領に記載されなかったことも手伝って、その後、約10年、教育界から忘

れ去られてしまうことになる。

1.6 1990年代
——インターネットの普及と学習指導要領への情報モラル掲載

　90年代は、いわば、「理想主義的インターネットの時代」である。90年代のインターネットは、楽観主義と形容される情報社会論的理想主義に満ちていた。

　90年代半ばまでは、コンピュータやネットワークに対する悲観論は鳴りを潜め、家庭であれ、学校であれ、「インターネットに接続すること」が第一の目標とされた。

　80年代後半、少しずつ大学がインターネットに接続しはじめ、90年代前半には全国の国立大学がインターネット接続を完了している。そして、初等中等学校では通産省（当時）が主導して全国の100校の学校にインターネットを接続する「100校プロジェクト」が1994年に始まっている。

　そんな中、情報モラルが、臨教審以来、久々に話題となったのは、世間一般にもインターネット接続が急激に普及した1996（平成8）年の第15期中央教育審議会第一次答申であった。答申では「人間関係の希薄化や自然体験の不足など情報化の『影』の部分を克服しつつ、心身ともに調和のとれた人間の育成、情報モラルの育成に努める」[25]と述べられている。

　そして、この第15期中教審を受けて告示された1998（平成10）年中学校学習指導要領第2章第8節　技術・家庭の技術分野（男女共学）の「B　情報とコンピュータ」で、必修として「イ　情報化が社会や生活に及ぼす影響を知り、情報モラルの必要性について考えること」と記され、具体的な取扱いは、「インターネット等の例を通して、個人情報や著作権の保護及び発信した情報に対する責任について扱う」とされたのである。また、1999（平成11）年告示の高等学校学習指導要領では、普通教科「情報」が新設され、その中で情報モラルは「情報社会で適正に活動するための基となる考え方や態度」と定義されている。

　すなわち、情報モラルは、学校をインターネットに接続するかわりに行うという、一種の「免罪符」であった。

　そのため、90年代は、たとえば図1のような、初等中等教育における「情報倫理教育」の重要性を訴える『インターネットと教育フォーラム―情報教育の新展開　インターネットと情報倫理』などのシンポジウムが1999年に大規模に開催されるなどしたものの、100校プロジェクト校、国立大学附属学校や公立学校の拠点校などの一部を除き、情報モラル教育の実践はあまり盛んには行われなかった。

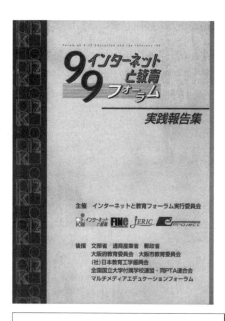

図1 初等中等教育における「情報倫理教育」をテーマとした実践報告集（1999）

2 情報モラル教育の分岐点と デジタル・シティズンシップ教育への転換

2.1 「抑圧型」の情報モラル教育へのシフト

2000年代、初等中等学校へのインターネットの接続がほぼ完了し、携帯電話が普及しはじめると、情報モラル教育は転換点を迎える。

文部科学省は、90年代末から情報モラル教育に関する調査研究や教材等の作成を本格化している。

たとえば、図2のような教材（CEC, 2001）である。

この時点までは、情報教育としての性格をもつ情報モラル教育が題材であった。中学校の生徒全員に電子メールのアカウントを与えてコミュニケーションを学ぶ過程でマナーやモラルを学ぶ、ショッピングサイトのシミュレーションで、買い物を体験しながら、契約内容（クーリングオフ）を読むことや詐欺等を疑ったり、個人情報の扱いを考える、生徒自らホームページを作るなど知的創造や情報発信する力を身につける過程で著作権の取り扱いも考慮するといった情報教育としての情報モラル教育である。

注目すべきは図2の『情報モラル指導事例集』という、文部科学省委託事業（コンピュータ教育開発センター）である。画像でははっきりしないが、この冊子のタイトルには「インターネット活用のための」という枕詞がついている。

つまり、このころまでの情報モラル教育は、インターネットを活用することが前提であった。同じく図2の「ネット社会の歩き方」というタイトルにも、そのニュアンスが込められている。

ネット社会の歩き方：
http://www2.japet.or.jp/net-walk/net2001/index.html
学習ユニット：
http://www2.japet.or.jp/net-walk/net2001/GAKUSYU_TOP/gakusyu_top.html

図2　インターネット関連の「情報モラル」事業（CEC, 2001）

　このように、情報モラル教育はそれ自体が「目的」ではなく、インターネットを積極的に有効に利用するための一手段、一知識・スキルであるという捉え方である。

　しかし、2000年代半ば、こうした情報モラル教育の捉え方に、突然転機が訪れる。

　情報モラル教育それ自体の「目的化」である。

　石原（2011）[26]によると、「2000年以降の子どもをめぐるネットワーク上のトラブルは枚挙にいとまがない」ような状況となり、「文科省の予想を遙かに超える速さで社会の情報化が進」んでいった。特に2004年6月の「佐世保市立大久保小学校児童殺傷事件」は学校関係者に衝撃を与えることになったという。加えて、「2005年以降はパソコンだけでなくケータイをめぐるトラブルも多く見られるように」なる。

　さらに、「ケータイは，子どもたちの日常生活に入り込み，ネット依存やメール中毒などで生活のリズムを崩したり，より深刻なネットいじめの被害」者になることが増えたため、「文科省は様々な対策を講じ始めた」と石原（2011）は指摘している。

　つまり、政府や行政は、1980年代に臨教審で提案され、時間をかけて教育に組みこまれてきた情報教育としての性格を持つ情報モラル教育（の目的）について、清算や検証を経ずに、生活指導・生徒指導的な内容を一気に情報モラル教育に盛り込んだのである。

　そのため、モラル＝道徳や倫理という言葉から連想されるものと離れた内容のものも情報モラル教育の名のもとに扱わざるを得なくなっていく。

　結果として、情報モラル教育を行うことが目的とされ、学校現場では、警察のサイバー担当課が夏休み前に危険な行為や恐ろしい事件に発展した事例を提示し、生徒指導として携帯電話など情報機器の利用を抑制するルールや規範を大人が作り、それを守らせるという、前向きで創造的な情報教育とは正反対の非常に抑圧的な情報モラル教育が行われはじめることになった。

　そして、学習指導要領上の情報モラルも「情報社会の影への対応」が強調されていく。

　まず、文部科学省は、2007年に日本教育工学振興会（JAPET）への委託事業として『「情報モラル」指導実践キックオフガイド』[27]を制作している（図3）。そして、2008（平成20）年の中教審答申で、「情報化の光の部分のほか、情報化の影の部分も子どもたちに大きな影響を与えている」、「情報モラルの育成、情報安全等に関する知識の習得などについて指導することが重要である」と述べられる。これを受け、2009年に文部科学省が公表した『教育の情報化に関する手引』には「社会の情報化が進展する中で、情報化の『影』の部分を十分理解した上で、情報社会に積極的に参画する態度を育てる」というように情報社会の「影」を強調している。

　他方、「フィルタリング」が非常に強化された時代でもある。

　有害とされる情報を見させないブラックリスト方式ではなく、許可を出した情報のみにアクセス可能なホワイトリスト方式がスタンダードになっていく。

図3 『情報モラル』指導実践
キックオフガイド（JAPET, 2007）

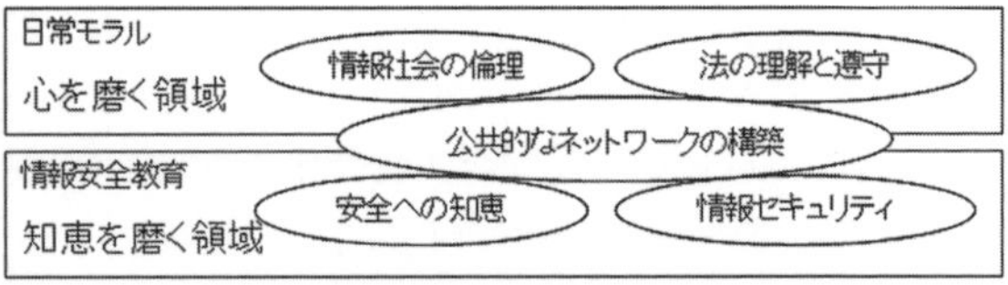

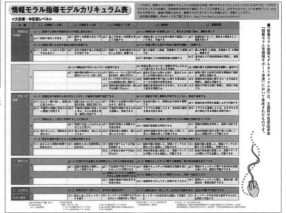

図4 「情報モラル」教育の5つの柱（文部科学省, 2009）
https://www.mext.go.jp/b_menu/shingi/chousa/shotou/056/shiryo/attach/
1249674.htm

図5 情報モラル指導モデルカリキュラム表（文部科学省, 2007）
https://www.mext.go.jp/component/a_menu/education/detail/__icsFiles/
afieldfile/2010/09/07/1296869.pdf

　学校も例外ではなく、制限が厳しすぎるため学習に有用な情報まで制限してしまう「オーバーブロッキング」に陥る例が非常に多くなった[28]。

　このように、PCでインターネットを利用する時代から、携帯端末でインターネットを利用する時代へ移り変わる中で、技術的な面でも、教育的な面でも、危険なネットワーク社会から身を守るためにネットワークの利用を制限しよう、情報機器の利用を抑えようという方向にシフトしていくことになったのである。

2.2　米国のデジタル・シティズンシップ教育の勃興

　日本の情報モラル教育が抑圧型へと変化しつつあった同時期に、米国でデジタル・シティズンシップ教育が勃興した。日本とは正反対のムーブメントである。

　これは、米国のK-12（幼稚園から高等学校までの13年間の教育期間のこと）のそれまでの情報倫理教育（あるいは情報セキュリティ教育）や生徒指導があまりうまくいかなかったという反省に基づいていると考えられる。

　米国のK-12の生徒指導は、1980年代後半から、いわゆる「ゼロ・トレランス」の方針

がとられていた。

　ゼロ・トレランスとは、直訳すると「不寛容」である。

　たとえば、米国の学校は通常入学時に保護者と様々な契約を結ぶが、その同意した契約内容に保護者または児童生徒が違反した場合、「どのような事情にも関わらず退学処分とする」といった方針がゼロ・トレランスである。

　筆者は90年代後半、米国の中学校や高校の情報教育を視察した経験があるが、学校のPCには「このPCを使って有害情報にアクセスし、トラブルに巻き込まれた場合、学校は一切責任をとらない」といった学校の「免責」に関する注意書きや「ネット掲示板で他者の誹謗中傷をした場合はどのような理由にかかわらず既定の懲罰が科される」といったユーザ（生徒）に対する強い警告文が掲載されていた。

　そして、筆者が、日本では情報倫理教育をこれから実践していこうと思っているが、米国ではどうかと情報教育の担当教員に尋ねたところ、そうした問題は「保護者の問題である（parental issues）」との返答があったのを記憶している。

　当時の米国の情報教育は、コンピュータの仕組みの理解といった技術教育に特化していた内容であったこともあり、学校の情報教育として情報倫理教育（情報安全のような問題）等は行わず、規則や契約を守らなければ即罰則（停学・退学処分）という指導のみであった[29]。

　しかし、情報教育はともかく、こうしたゼロ・トレランスの生徒指導方針は教育学者らの批判も根強く、また、有無を言わさず退学処分になった生徒が学校を提訴するなど社会問題化したため、2000年代に入ると徐々にゼロ・トレランスの方針をとりやめる学校が多くなっていく。

　そうして、2007年、国際教育テクノロジー学会（ISTE）は、教育や学習におけるテクノロジー利活用（技術統合）の標準であるNational Education Technology Standards（NETS）の2007年改訂で、デジタル・シティズンシップを「情報技術の利用における適切で責任ある行動規範」と定義し、発表した。

　ただし、当初は日本の情報モラル教育とさほど相違点は見つけられず、指導者が学習者に対して「〜しない」という制限を指導する予防・制限型学習（Acceptable use: tolerance limits）の手法がとられていた。

2.3　情報モラル教育からデジタル・シティズンシップ教育へ

▌2.3.1　情報モラル教育の閉塞感

　2010年代は、ICTの学校教育利用が大きくクローズアップされた時代である。OECDのPISAの調査にICT関連の調査項目が含まれるなど世界的に教育とICT利活用に注目が集まった。

　特に2010年、Apple社のタブレット端末iPadが発売されたことにより、初等中等教育

でのICT利用の概念に転機が訪れた。

　総務省では『フューチャースクール推進事業』として、児童生徒1人1台の端末を配布する教育プロジェクト等が開始されている。コンピュータ室で一斉にPCを使う情報教育ではなく、普通教室で児童生徒全員がタブレット端末を持ちながら教科学習に取り組む姿が理想とされた。

　その一方で、スマートフォンが若年層にまで普及を見せはじめると、情報モラルはよりシビアになり、生徒指導的な性格、すなわち、「〜しない」、「〜させない」といった子どものICT利活用を制限する傾向がますます強まる。

　そして、子どもを持つ保護者もスマートフォンの利用に対する危惧をもちはじめ、生徒指導的な情報モラル教育を求めはじめるようになる。

　たとえば、小寺（2014）は、2014年3月10日付の『ITmedia』のコラム[30]で、「中学校の情報モラル教育」として、その実態についてレポートを公表しつつ、現在の中学校の学習指導要領から情報モラル教育の学習内容を示し、「結局我々保護者が期待するような情報モラル教育は、道徳の授業に頼らざるを得ないということになる。さらに個別具体的な案件ともなると、授業ではなく、養護教諭やスクールカウンセラー、生徒指導といった範疇になっていく。少なくとも中学校で情報モラルを扱うようになったからひと安心というには、まだ早いようだ」と考察している。

　2019年、政府は児童生徒1人1台情報端末を配備するGIGAスクール構想を発表し、2020年、COVID-19パンデミックの影響下において4,800億円の巨額の資金を投入し、それを実行した。筆者在住の岐阜県岐阜市の小学校では早くも2020年10月時点で小学校1年生全員にiPadが配布され、自宅に持ちかえってよいことになっている。

　このように、学校教育におけるICTの教育利活用が急激に、そして、強力に推進されるその一方で、保護者の要望等から情報モラル教育の名のもとにICTの利活用が制限される状況となっている。これはまさに価値観の分断と言ってもよいだろう。

　子どもたちから見れば、「学校でどんどん使っていいと言われたのに、実際に積極的に使ったら、保護者から渋い顔をされた」というダブルバインドの状況にある。

　こうした指導をする教員の戸惑いはもちろん、そうした指導を受ける子どもたちの混乱はいかばかりだろうか。

　本来、子どもの生育環境は、家庭生活のプライバシーは保ちつつも、学校生活と家庭生活はシームレスな関係を構築しなければならないはずである。

　今、このような時代に最善の教育とは何か、我々教育関係者だけではなく、保護者にも、そして、社会全体が問われている。

■ 2.3.2　教育の情報化とデジタル・シティズンシップ教育に関する国際標準

　一方、2010年代に米国のデジタル・シティズンシップ教育はアップデートを繰り返し、

大きく様変わりしている。

　教育や学習におけるテクノロジー利活用（技術統合）の標準（NETS）は、2016年からISTE Standardsに名を変えて「テクノロジーを活用した変革的な学習」を目標とし、模範的行為の7者をリスト化している（表2）。

　そして、米国ばかりではなく、EU諸国やOECD、ユネスコ等の機関などがデジタル・シティズンシップに関する提言を行うとともに、ウェルビーイング（幸福）を目標として、デジタル・ウェルネス（健康福祉）、サイバー・レジリエンス（被害の最小化と復元力・抵抗力）といった考え方が広まりつつある。

　米国の学校（K-12）では、ここ数年でICTの利用方針がゼロ・トレランス型から脱却し、「責任ある利用方針」＝Responsible Use Policyを掲げる学校が増えている。これは、デジタル・シティズンシップの要素において「責任ある利用」を定義していることが大きな要因かもしれない。

　また、1人1台（1to1）が実現している学区のK-12利用方針のトレンドは「権限付与されたユーザの責任ある利用指針」＝Empowered Digital Use and Responsibility Guidelinesという利用指針にシフトしつつある[31]。

　1人1台（1to1）端末の配備をめざす日本のGIGAスクール構想下では、1台のPCをみんなで使うためにいろいろ制限があるのだ、とする予防・制限型の利用方針ではなく、子ども（ユーザ）が1人1台の情報端末を持つということは、それだけの権限が与えられるのだから、一人ひとりが責任をもって望ましい利用をしていこうという志向・権限付与型のガイドラインを教育委員会や学校は作るべきだろう。

表2　ISTE Standards2016とRibbleによる9つの要素（2015）

2016 ISTE Standards 7指標	ISTE Digital Citizen 4要素（仮訳）	Ribble（2015）DC 9要素
1. Empowered Learner 2. Digital Citizen 3. Knowledge Constructor 4. Innovative Designer 5. Computational Thinker 6. Creative Communicator 7. Global Collaborator	2a. デジタル・アイデンティティと評判の育成・管理・デジタル世界における行動の永続性の意識 2b. オンラインの社会的交流とテクノロジー利用上の積極的、安全、合法的、倫理的な行動 2c. 知的財産に関する権利と義務の理解・権利の尊重 2d. プライバシーとセキュリティ維持のための個人データの管理、オンラインでのデータ収集技術の認識	1. Digital Access 2. Digital Commerce 3. Digital Communication and Collaboration 4. Digital Etiquette 5. Digital Fluency 6. Digital Health 7. Digital Law 8. Digital Rights and Responsibility 9. Digital Security and Privacy

以上、ICTの利用やデジタル・シティズンシップに対する国際的な見方をまとめると以下のように整理できる。

・テクノロジーの利用は、個人的な利用よりも、公共的な利用に焦点があてられる。そのため、個人の心の内面の問題としての道徳ではなく、社会的文脈での行動規範（社会性倫理、公共道徳）をテーマとしている。

・「スマートフォンの使用時間制限ルールを作る」というような予防・制限型指導ではなく、より善き社会、より幸福な社会の構築をめざして、みなで協力し、自己の意思で決定しつつ、責任あるデジタル技術の模範的・積極的利用を促す志向・権限付与型指導（Digital Empowerment and Responsible Use）が実践されつつある。

・具体的内容としては、ISTE Digital Citizen 4要素（仮訳）、表2のRibbleの DC 9要素に示す内容を各国でローカライズしたものが公教育で受け入れられはじめている。米NPO Common Sense Educationのビデオ教材などでは就学前教育（幼稚園段階）から対話的学習を開始している。

・健康については、単なる医学上の健康／病気を問題にするのではなく、健康を基盤に幸福を志向している状態を指すWellness、あるいは、Well-beingを目標とすることが示されはじめている。

■ 2.3.3　デジタル・シティズンシップ教育への転換のための「見方・考え方」

　本章の最後に、デジタル・シティズンシップへの転換を図るために、情報モラル的な見方・考え方を変えるヒントを表3に整理した[32]ので参考にしてほしい。

注
1　大石裕『コミュニケーション研究——社会の中のメディア』、慶應義塾大学出版会、1998年
2　公文俊平「新楽観主義：知の進化論」、情報社会学会研究発表大会特別講演、2012年5月26日
3　公文俊平『情報社会の新楽観主義〜ものづくりとICTの融合が生む未来〜: 情報社会学フォーラムin旭川講演録 多摩大学情報社会学研究所研究録』、多摩大学情報社会学研究所、2014年12月7日
4　「情報公害」は、ジャーナリストによる問題提起が先行している。1969年9月日本新聞協会発行の『新聞研究』218号で竹内一郎「情報公害の中の国際経済報道」が見られる。1970年に『月刊労働問題』145号に田原総一朗が「情報公害を挑発する」、塩田丸男がサンケイ新聞社から『情報公害——危険な情報とはなにか』を著すなどしている。
5　一松信「談話室レポート『情報公害シンポジウム』」、情報処理学会『情報処理』第12号 No.9、pp.589-590、1971年9月15日
6　「公害」の語感から、ここで言う「教育の課題」はいわゆる「有害情報」問題の取扱いを想起するが、この講演は京都大学数理研究所の一松による「計算機教育に対する危惧」とのタイトルで、詳細は不明であるが、おそらく、有害情報問題ではなかったであろうと推察する。

表3　情報モラルからDCへの見方・考え方の転換

ワード	情報モラル	DC
情報社会	・日常生活と異質の特別な社会 ・情報社会の特別な道徳や態度が必要	・私たちの日常の一部 ・社会に共通に必要な市民性・公共性・倫理観・道徳観
ICT	・大人が許可したときにだけ使う、ただの道具 ・テクノロジーの消極的な活用を推奨	・文房具のように日常的に利用する用途無限の道具 ・テクノロジーの積極的な活用を促進
態度	・社会の「影」に対応する態度 ・正しい態度	・社会に積極的に参加する態度 ・皆、意見・考え方・感覚が異なるという多様性を受容する態度
予防	・行動に慎重 ・転ばぬ先の杖を与える	・冷静な行動 ・自分なりの転ばぬ先の杖を作る
ルール・制度	・ブラックリストの提示 ・自分たちで作ったルールなのだから守りなさい	・ホワイトリストの発見 ・守れないルールは見直す、変えるために考える
学び	・専門教員による専門的な指導 ・危険・不安・不健康等の負の刺激のインプット ・答えのインプット ・消費者教育的・善き消費者	・指導者と学習者が学びに参加する ・視野の拡大による発見・気づきのアウトプット ・最適解（最善策・最善の選択）のアウトプット ・知的生産者教育的・善き作り手・善き担い手
指導	・過去の事例に基づく注意喚起としつけ（〜してはならない）	・臨機応変な模範的行動、説明がつく態度の表明

7　石田晴久「コンピュータ犯罪について（法とコンピュータ（特集））」、『法律のひろば』第24号No.6、ぎょうせい、pp.29-32、1971年6月、あるいは、「漸増するコンピューター犯罪（欠陥を暴露したコンピュートピア）」、『朝日ジャーナル』第15号No.47、pp.41-45、朝日新聞社、1973年11月30日

8　情報処理学会「コンピュータ博物館 日本のコンピュータ パーソナル・コンピュータ【三菱電機】MULTI16」、URL確認日2020-11-30、http://museum.ipsj.or.jp/computer/personal/0009.html

9　情報処理学会「日本のコンピュータパイオニア 北原安定」、URL確認日2020-11-30、http://museum.ipsj.or.jp/pioneer/kitahara.html

10　首相官邸「高度情報通信ネットワーク社会推進戦略本部（IT総合戦略本部）English Version: IT Strategic Headquarters」、URL確認日2020-11-30、http://japan.kantei.go.jp/policy/it/index_e.html

11　広木守雄「講座・情報管理入門〔第12回〕情報管理の将来」、『情報管理』第27号No.12、pp.1076-1083、科学技術振興機構、1985年3月

12　丸田一によれば、千代田常磐マイコンクラブが1984年にパソコン通信を開始したという。

丸田一「地域情報化の新しい潮流（2）」、放送大学ラジオ特別講義、2007年

13　砂原秀樹・村井純「WIDEプロジェクトの25年　日本とインターネットのこれまでとこれから」、『情報管理』第56号No.9、pp.571-581、科学技術振興機構、2013年12月1日

14　日本初のコンピュータ・ウィルスとされる「メリー・クリスマス」の発見は1989年11月である。

15　井上大介・中尾康二「1. マルウェアって？（<特集>マルウェア）」、情報処理学会『情報処理』第51号No.3、pp.237-243、2010年3月15日

16　池央耿訳、クリフォード・ストール著『カッコウはコンピュータに卵を産む（上下）』、草思社、1991年9月、原著: Clifford Stoll、*The Cuckoo's Egg*、Doubleday、1989年9月26日

17　文部科学省生涯学習政策局調査企画課編『教育と情報』（1966年-2001年：181号-516号）は、東京教育研究所『教育統計月報』（1950年-1951年：1号-5号）、文部省調査局統計課編『教育統計』（1951年-1966年：5号-100号）、文部大臣官房統計課編『統計と教育』（1966年-1973年：101号-180号）」を継続前誌とする。国立国会図書館サーチ（NDL-OPAC）のデータベースで確認。URL確認日2020-11-30、http://iss.ndl.go.jp/books/R100000002-I000000024970-00

18　林内達「教育と情報の年表」教育と情報の歴史研究会、URL確認日2021-03-30、https://hei.edufolder.jp/archives/216

19　文部省初等中等教育局中学校課「情報化社会に対応する初等中等教育の在り方に関する調査研究協力者会議第1次審議とりまとめについて」、『文部時報』1301号、pp.83-86、ぎょうせい、1985年09月

20　西之園晴夫「我が国におけるコンピュータ教育の推進（我が国におけるコンピュータ教育の推進──初等中等教育<特集>)」、『教育と情報』第350号、pp.2-7、第一法規出版、1987年5月

21　ところが、臨教審後にCAI導入ブームは衰退する。学校教育ではコンピュータ導入による情報教育が主体となる。

22　水越敏行「情報活用能力の内容とその育成（情報活用能力の育成と課題<特集>)」、『教育と情報』第356号、pp.2-7、第一法規出版、1987年11月

23　西之園晴夫「工学的アプローチによる教育実践研究法の探求と学習開発研究への展開」、日本科学教育学会第38回年会招待講演（科学教育研究セミナー）、2014年9月14日

24　第三次答申の各課題については、臨教審委員ではないものの、「情報公害シンポジウム」の世話人であり、「コンピュータ犯罪」の講演を行った石田（1987）が、第三次答申の「情報モラル」の「解説」とも目される記事を、文部省発行の『教育と情報』第352号に「情報とモラル」と題して寄せている。

25　文部省「21世紀を展望した我が国の教育の在り方について（第一次答申）」、中央教育審議会、1996年7月19日

26　石原一彦「情報モラル教育の変遷と情報モラル教材」、岐阜聖徳学園大学紀要教育学部編、50号、pp.101-116、2011年2月28日

27　財団法人日本教育工学振興会（JAPET）『文部科学省委託事業「情報モラル」指導実践キックオフガイド』、URL確認日2020-11-30、http://jnk4.info/www/moral-guidebook-2007/kickoff/pdf/moralguide_all.pdf

28　芳賀高洋・五十嵐晶子「情報フィルタリングと教育の均衡：学校教育におけるオーバーブ

ロッキング問題」、電子情報通信学会技術研究報告、第115（481）、pp.127-132、2016年3月3日

29　Flowers, B. F., & Rakes, G. C., "Analyses of acceptable use policies regarding the internet in selected K-12 schools", *Journal of Research on Computing in Education*, 32(3), pp.351–365, 2000年2月24日

30　小寺信良「『ケータイの力学』：中学校の情報モラル教育（1）（2）」、ITmedia Mobile、2014年03月24日、URL確認日2020-11-30、https://www.itmedia.co.jp/mobile/articles/1403/10/news030.html

31　Nicholas J. Sauers & Jayson W. Richardson, "Leading the Pack: Developing Empowering Responsible Use Policies", *Journal of Research on Technology in Education*, 51:1, pp.27-42, 2018年8月15日

32　坂本旬、芳賀高洋、豊福晋平、今度珠美、林一真『デジタル・シティズンシップ　コンピュータ1人1台時代の善き使い手をめざす学び』（大月書店、2020年12月15日）

GIGAスクール構想とは何か

林　向達

　文部科学省が掲げるGIGAスクール構想は、次世代の学校・教育現場において必要とされる環境と児童生徒の力を引き出す学校教育の姿を描いたものである。本章では、文部科学省GIGAスクール構想の実現に伴う整備事業について概観する。なお、GIGAとは「Global and Innovation Gateway for All」の頭文字にもとづくとされる。

1 「GIGAスクール構想の実現」事業

　文部科学省が掲げるGIGAスクール構想は次のように描かれている。

> ✓ 1人1台端末と、高速大容量の通信ネットワークを一体的に整備することで、特別な支援を必要とする子供を含め、多様な子供たちを誰一人取り残すことなく、公正に個別最適化され、資質・能力が一層確実に育成できる教育環境を実現する
> ✓ これまでの我が国の教育実践と最先端のICTのベストミックスを図ることにより、教師・児童生徒の力を最大限に引き出す

　この構想に対して、文部科学省「GIGAスクール構想の実現」事業の予算は、2020年11月時点で次のようになっている（図1）。事業目的は「Society5.0時代を生きる子供たちに相応しい、誰一人取り残すことのない公正に個別最適化され、創造性を育む学びを実現するため、『1人1台端末』と学校における高速通信ネットワークを整備する」こととされ、予算総額は、2019年補正予算と2020年度第1次補正予算を合わせて4,610億円規模の事業である。

　GIGAスクール構想の実現事業で前提とされているICT環境は、

・児童生徒の端末整備支援

・学校ネットワーク環境の全校整備

令和元年度補正予算・令和2年度第1次補正予算を合わせた全体像　　　　令和元年度補正予算額 2,318億円

GIGAスクール構想の実現　　4,610億円（文部科学省所管）　令和2年度第1次補正予算額 2,292億円

Society5.0時代を生きる子供たちに相応しい、誰一人取り残すことのない公正に個別最適化され、創造性を育む学びを実現するため、「1人1台端末」と学校における高速通信ネットワークを整備する。

目指すべき次世代の学校・教育現場	✓ 学びにおける時間・距離などの制約を取り払う 〜遠隔・オンライン教育の実施〜 ✓ 個別に最適な学びや支援 〜個々の子供の状況を客観的・継続的に把握・共有〜 ✓ プロジェクト型学習を通じて創造性を育む 〜文理分断の脱却とPBLによるSTEAM教育の実現〜 ✓ 校務の効率化 〜学校における事務を迅速かつ便利、効率的に〜 ✓ 学びの知見の共有や生成 〜教師の経験知と科学的視点のベストミックス（EBPMの促進）〜

新しいICT環境 クラウド

高速大容量機密性の高い安価なネットワーク

1人1台端末

家庭での活用

児童生徒の端末整備支援

〇 「1人1台端末」の実現　　2,973億円
国公私立の小・中・特支等義務教育段階の児童生徒が使用するPC端末整備を支援

対象：国・公・私立の小・中・特支等　　令和元年度　1,022億円
国公立：定額（上限4.5万円）　　令和2年度1次　1,951億円
私立：1/2（上限4.5万円）

〇 障害のある児童生徒のための入出力支援装置整備　　11億円
視覚や聴覚、身体等に障害のある児童生徒が、端末の使用にあたって必要となる障害に対応した入出力支援装置の整備を支援

対象：国・公・私立の小・中・特支等
国立、公立：定額、私立：1/2

学校ネットワーク環境の全校整備　　1,367億円

小・中・特別支援・高等学校における校内LAN環境の整備を支援
加えて電源キャビネット整備の支援

対象：国・公・私立の小・中・特支、高等学校等　　令和元年度　1,296億円
公立、私立：1/2、国立：定額　　令和2年度1次　71億円

GIGAスクールサポーターの配置　　105億円

急速な学校ICT化を進める自治体等へICT技術者の配置経費を支援

対象：国・公・私立の小・中・高校・特支等
国立：定額、公私立：1/2　　令和2年度1次　105億円

緊急時における家庭でのオンライン学習環境の整備

〇 家庭学習のための通信機器整備支援　　147億円
Wi-Fi環境が整っていない家庭に対する貸与等を目的として自治体が行う、LTE通信環境（モバイルルータ）の整備を支援

対象：国・公・私立の小・中・特支等
国公立：定額（上限1万円）、私立：1/2（上限1万円）

〇 学校からの遠隔学習機能の強化　　6億円
臨時休業等の緊急時に学校と児童生徒がやりとりを円滑に行うため、学校側が使用するカメラやマイクなどの通信装置等の整備を支援

対象：国・公・私立の小・中・高校・特支等
公私立：1/2（上限3.5万円）、国立：定額（上限3.5万円）

〇 「学びの保障」オンライン学習システムの導入　　1億円
学校や家庭において端末を用いて学習・アセスメントが可能なプラットフォームの導入に向けた調査研究

図1　GIGAスクール構想の実現（2019年度補正予算・2020年度第1次補正予算を合わせた全体像）
文科省HP：https://www.mext.go.jp/content/20210118-mxt_jogai01-000011648_001.pdf

・GIGAスクールサポーターの配置

・緊急時における家庭でのオンライン学習環境の整備

など、パソコン教室を中心に整備されてきた従来のICT環境整備とは異なる、新しいICT環境であることが強調されている。

2　児童生徒の端末整備支援

2.1　端末予算

■（1）2020年度予算概算要求〜2019年度補正予算

　義務教育段階の児童生徒に1人1台の情報端末を整備する方向性は、公的文書において2010年「教育の情報化ビジョン（骨子）」の中で、協働的な学びには「子どもたちに1人1台の情報端末環境を整備することが重要な鍵となる」と明記されたことまで遡ることができる。総務省「フューチャースクール推進事業」・文部科学省「学びのイノベーション事業」（2010〜2014年）は、その方向性の実証事業であった。

GIGAスクールネットワーク構想の実現
＜Global and Innovation Gateway for ALL＞

令和2年度要求・要望額 37,473百万円
（ 新規 ）

☑ 教師の経験知と科学的視点とを掛け合わせ、子供の生活や学びにわたる課題（貧困、虐待等）を早期に発見し、外国人児童生徒等を含めたすべての子供たちが安心して学べ、基礎的学力を確実に身に付けることができるようにケアする（誰一人取り残さない教育）とともに、特異な資質・能力を見出し、大学や研究機関などでの学びの機会につなげる仕組み（特異な能力を持つすべての子供に公正にチャンスを提供する教育）を確立

☑ 各学校が客観的なデータに基づいて、校務の効率化を進めつつ、ヒト・モノ・カネ・時間といったリソースを再配分できる自律性を確立

☑ STEAMライブラリー（大学や企業・研究機関などの研究開発の素材、動画等の集約・共有化）など、良質な授業のためのコンテンツの提供

☑ 教育ビッグデータを活用した新しい社会的価値の創造（データとアルゴリズムの透明性と正当な利用のための共有が課題）

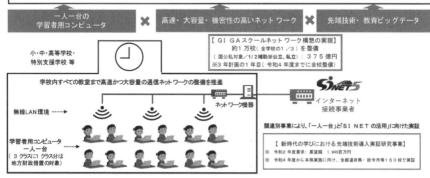

図2　GIGAスクールネットワーク構想の実現（2020年度当初予算要求・要望）
文科省ＨＰ：https://www.mext.go.jp/component/b_menu/other/__icsFiles/afieldfile/2019/08/29/1420671_01-1.pdf

GIGAスクール構想の実現

令和元年度補正予算額 2,318億円
公立:2,173億円、私立:119億円、国立:26億円
（文部科学省所管）

○ Society 5.0時代を生きる子供たちにとって、教育におけるICTを基盤とした先端技術等の効果的な活用が求められる一方で、現在の学校ICT環境の整備は遅れており、自治体間の格差も大きい。令和時代のスタンダードな学校像として、全国一律のICT環境整備が急務。

○ このため、1人1台端末及び高速大容量の通信ネットワークを一体的に整備するとともに、並行してクラウド活用推進、ICT機器の整備調達体制の構築、利活用優良事例の普及、利活用のPDCAサイクル徹底等を進めることで、多様な子供たちを誰一人取り残すことのない、公正に個別最適化された学びを全国の学校現場で持続的に実現させる。

事業概要
（1）校内通信ネットワークの整備
－ 希望する全ての小・中・特支・高等学校等における校内LANを整備
　加えて、小・中・特支等に電源キャビネットを整備

事業スキーム
公立 補助対象：都道府県、政令市、その他市区町村
　　 補助割合：1/2 ※市町村は都道府県を通じて国に申請
私立 補助対象：学校法人、補助割合：1/2
国立 補助対象：国立大学法人、（独）国立高等専門学校機構
　　 補助割合：定額

事業概要
（2）児童生徒1人1台端末の整備
－ 国公私立の小・中・特支等の児童生徒が使用するPC端末を整備

事業スキーム
公立 補助対象：都道府県、政令市、その他市区町村等
　　 補助割合：定額（上限4.5万円）※市町村は都道府県を通じて国に申請
私立 補助対象：学校法人、補助割合：1/2（上限4.5万円）
国立 補助対象：国立大学法人
　　 補助割合：定額（上限4.5万円）

措置要件
✓ 「1人1台環境」におけるICT活用計画、さらにその達成状況を踏まえた教員スキル向上などのフォローアップ計画
✓ 効果的・効率的整備のため、国が提示する標準仕様書に基づく、都道府県単位を基本とした広域・大規模調達計画
✓ 高速大容量回線の接続が可能な環境にあることを前提とした校内LAN整備計画、あるいはランニングコストの確保を踏まえたLTE活用計画
✓ 現行の「教育のICT化に向けた環境整備5か年計画（2018〜2022年度）」に基づく、地方財政措置を活用した「端末3クラスに1クラス分の配備」計画

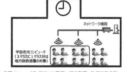

図3　GIGAスクール構想の実現（2019年度補正予算）
文科省ＨＰ：https://www.mext.go.jp/content/20200219-mxt_jogai02-000003278_403.pdf

2020年度予算の要求・要望段階（2019年8月）では、「GIGAスクールネットワーク構想の実現」（図2）として校内ネットワークのみの整備であったものが、2019年11月の経済財政諮問会議での総理発言を契機に「GIGAスクール構想の実現」（図3）として情報端末の整備が盛り込まれることとなった。

　児童生徒1人1台端末の設備は、国公私立の小中・特支等を対象（高等学校等は除く）として補助される。公立学校の場合であれば、定額で4.5万円が上限となる。

　措置要件としては、「1人1台環境」におけるICT活用計画、国の標準仕様書に基づく都道府県単位による広域共同調達、高速大容量回線の接続が可能な校内LAN整備計画、現行措置されている地方財政措置の活用である。

　措置条件にある通り、「教育のICT化に向けた環境整備5か年計画（2018〜2022年度）」（図4）にもとづく学校のICT環境整備に係る地方財政措置を組み合わせて、全児童生徒分の端末予算を計上することが前提となっている。

図4　学校のICT環境整備に係る地方財政措置
文科省ＨＰ：https://www.mext.go.jp/content/20200219-mxt_jogai02-000003278_405.pdf

　この「教育のICT化に向けた環境整備5か年計画（2018〜2022年度）」では、

・学習者用コンピュータ　3クラスに1クラス分程度整備

・指導者用コンピュータ　授業を担任する教師1人1台

・大型提示装置・実物投影機　100%整備

各普通教室1台、特別教室用として6台
・超高速インターネット及び無線LAN　100％整備
・統合型校務支援システム　100％整備
・ICT支援員　4校に1人配置
・その他機器、ソフトウェア等の整備
など、学習者用端末だけでなく、教員用端末やICT支援員の配置等の項目も含まれている。

■（2）2020年度当初予算

　GIGAスクール構想の実現事業は、2019年度補正予算にて15ヶ月予算の考え方のもと大規模な予算確保が行われた。その結果として、2020年度当初予算は「新時代の学びにおける先端技術導入実証研究事業」（図5）等の先端技術の活用方法の整理・普及に焦点が当たった。活用の側面からGIGAスクール構想の推進をめざすフェーズに移り、新たな端末整備予算は2021年度から2023年までの予算で対応される流れであった（図6）。

　2019年12月13日に2019年度補正予算が閣議決定されて以降、GIGAスクール構想に関わる諸事項が慌ただしく動き出した。12月23日には各都道府県・政令都市の情報担当者を集めて「学校の情報環境整備に関する説明会」が文部科学省で開催され、事業内容に

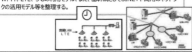

図5　新時代の学びにおける先端技術導入実証研究事業
文科省ＨＰ：https://www.mext.go.jp/content/20200219-mxt_syoto01-000003278_501.pdf

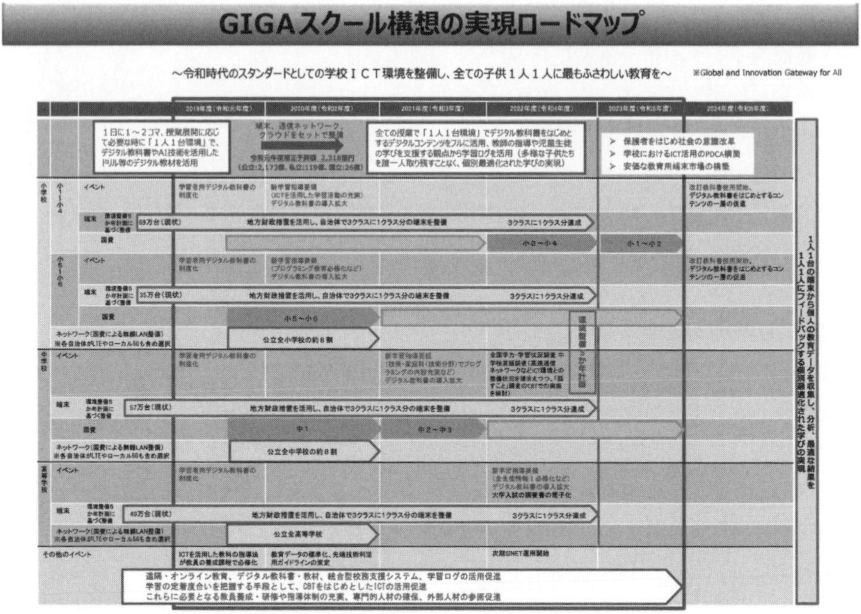

図6　GIGAスクール構想の実現ロードマップ
文科省ＨＰ：https://www.mext.go.jp/content/20200219-mxt_syoto01-000003278_501.pdf

関する説明と質疑が行われた。この2019年度補正予算は、翌年1月30日に成立すること
になる。

■（3）2020年度補正予算

　2019年末に新型コロナウイルス感染症（以下COVID-19）が一部の国で表面化し、や
がて年明けから世界中で感染が発生する事態へと広がった。

　2020年1月24日付で事務連絡「新型コロナウイルスに関連した感染症対策に関する対
応について（依頼）」が発出されたが、学校教育に大きなインパクトを与えたのは2月
27日の全国の学校への臨時休校要請の発表であった。3月2日以降、地域ごとの対応の
違いはあれど、全国一斉休校が始まった。

　3月20日頃に一旦は要請緩和方針が打ち出され、新年度からの学校再開が期待された
ものの、4月1日には厚生労働省「新型コロナウイルス感染症対策専門家会議」の提言
にもとづき「感染拡大警戒地域」では「その地域内の学校の一斉臨時休業も選択肢とし
て検討すべきである」として学校再開が遠のいた。4月7日には緊急事態宣言が7都道
府県に対して発出され、4月16日には全国へと対象拡大された。その後、5月14日に39
県が緊急事態宣言解除となり、全面解除したのは5月25日であった。

　3月の一斉休校の唐突な開始によって、準備する余裕もなく学校教育がほぼ止まって
しまう形となった。同時に、社会的な外出自粛が発生したため、休校中の家庭学習に保
護者・家族が直接関わる状況も生まれ、休校によって身動きがとれなくなった学校の実
態に懸念をいだく声も広がった。こうした危機的状況を背景に、経済産業省で取り組ん
でいた「未来の教室」事業周辺から「学びを止めない」をスローガンとしたオンライン
教材の提供や情報集約等の動きが起きた。また、ビデオ会議ツール等を用いたオンライ
ンによる教育的交流も注目を集めた。本来であれば危機が起こる前に整備を完了してお
きたかったGIGAスクール構想実現の必要性が、社会に広く共有される事態となったこ
とは確かである。

　議員連盟からは、COVID-19感染拡大に伴う緊急経済対策を見通して、1人1台端末
整備の前倒し要望がなされた。緊急事態宣言発出の4月7日には、2020年度第1次補正
予算案の中で「GIGAスクール構想の加速による学びの保障」(図7)として2,292億円
が計上され、閣議決定された。

　2023年度までに段階的な整備を行うことが計画されていた児童生徒用の端末整備が、
2020年度中に整備完了するよう前倒しとなったのである。

GIGAスクール構想の加速による学びの保障　令和2年度補正予算額(案)2,292億円

| 目　的 | 「1人1台端末」の早期実現や、家庭でも繋がる通信環境の整備など、「GIGAスクール構想」におけるハード・ソフト・人材を一体とした整備を加速することで、災害や感染症の発生等による学校の臨時休業等の緊急時においても、ICTの活用により全ての子供たちの学びを保障できる環境を早急に実現 |

児童生徒の端末整備支援

○「1人1台端末」の早期実現　1,951億円
令和5年度に達成するとされている端末整備の前倒しを支援、
令和元年度補正措置済(小5,6、中1)に加え、残りの中2,3、小1〜4すべてを措置
対象：国・公・私立の小・中・特支等
国公立：定額(上限4.5万円)、私立：1/2(上限4.5万円)

○ 障害のある児童生徒のための入出力支援装置整備　11億円
視覚や聴覚、身体等に障害のある児童生徒が、端末の使用にあたって
必要となる障害に対応した入出力支援装置の整備を支援
対象：国・公・私立の小・中・特支等
国立：定額、公立、私立：1/2　※障害種毎に算出した単価を基に、自治体ごとに上限額を設定

学校ネットワーク環境の全校整備　71億円

整備が可能となる未光地域やWi-Fi整備を希望し、令和元年度補正に
計上していなかった学校ネットワーク環境の整備を支援
対象：公立の小・中・特支、高等学校等
公立：1/2

GIGAスクールサポーターの配置　105億円

急速な学校ICT化を進める自治体等を支援するため、ICT関係企業OB
などICT技術者の配置経費を支援
対象：国・公・私立の小・中・高校・特支等
国立：定額、公私立：1/2

緊急時における家庭でのオンライン学習環境の整備

○ 家庭学習のための通信機器整備支援　147億円
Wi-Fi環境が整っていない家庭に対する貸与等を目的として自治体が行う、
LTE通信環境(モバイルルータ)の整備を支援
対象：国・公・私立の小・中・特支等、年収400万円未満(約147万台)
国公立：定額(上限1万円)、私立：1/2(上限1万円)

○ 学校からの遠隔学習機能の強化　6億円
臨時休業等の緊急時に学校が児童生徒がやりとりを円滑に行うため、
学校側が使用するカメラやマイクなどの通信装置等の整備を支援
対象：国・公・私立の小・中・高校等・特支等
公私立：1/2(上限3.5万円)、国立：定額(上限3.5万円)

○「学びの保障」オンライン学習システムの導入　1億円
学校や家庭において端末を用いて学習・アセスメントが可能な
プラットフォームの導入に向けた調査研究

施策の想定スキーム図

※上記は公立及び私立のイメージ、国立は国が直接補助

図7　GIGAスクール構想の加速による学びの保障
文科省ＨＰ：https://www.mext.go.jp/content/20200408-mxt_jogai02-000003278_412.pdf

2.2 端末仕様

　GIGAスクール構想実現で大規模な端末導入が発生するにあたり、従来の学校パソコンとの違いが示されている（図8）。これまでとは全く異なる新しいICT環境整備であることが最もよく表れている部分である。

従来の学校パソコン

多くのソフトウェア　　本当に使っている？コストだけかかってない？

ソフトウェアを処理するための　過大なスペック
大容量ハードディスクメモリなど　メンテナンスが大変
　　　　　　　　　　　　　　　　高コスト

通信回線が細い　　動画も音声もやり取りできない。意味ない。

GIGAスクール：全く新しいＩＣＴ環境

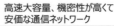

高速大容量、機密性が高くて
安価な通信ネットワーク

端末はシンプルに　　　　　　　　　　　クラウド活用

壊れにくくメンテナンスも楽、安価　　　ソフトウェアもデータ保存も集中管理
　　　　　　　　　　　　　　　　　　　管理も楽、災害にも強い

図8　従来の学校パソコンとGIGAスクール：全く新しいICT環境
文科省ＨＰ：https://www.mext.go.jp/content/20200509-mxt_jogai01-000003278_602.pdf

　高速な学校内ネットワーク整備とともに、クラウド利用を前提としたICT環境整備が要請される時代である。過大なスペックのハードウェアにあらかじめ多くのソフトウェアを備えておくタイプの端末整備ではなく、機動性のあるデバイスでネットワークと接続してデータやアプリを通信できるタイプの端末整備が必要とされる。

　現代社会は、スマートフォンに代表される形態端末を利用したモバイル・コンピューティングの時代に移行している。ICTを普段使いすることが一般的となった社会に対応するためには、学校のICT環境もネットワークを前提とした機器を導入し、児童生徒や教員が個人アカウントを所有して利用する必要があることを示している。

　このような導入端末に対する考え方の転換は、文部科学省「新時代の学びを支える先端技術活用推進方策」（2019年３月／2019年６月）における検討が反映されたものである。しかしながら、考え方の転換が十分浸透しているとは言えない中、共同調達等で自治体間の調整を行うにあたって、新たなICT環境整備の具体的な仕様モデル例も必要とされるため、学習者用コンピュータと校内LAN整備等の標準仕様書が示されることと

GIGAスクール構想の実現　標準仕様書について

クラウドを中心としたICT環境を導入するにあたり必要となる、校内LAN及び学習者用コンピュータの調達について、地方自治体が簡便に調達できるよう、仕様書作成の参考となるモデル例を提示。

1 準備段階　　2 計画段階　　3 調達段階　　4 運用段階　　5 検証段階

| 情報収集／体制構築 | クラウドサービス等の検討 ネットワーク、ICT機器の検討 | 仕様作成 | 調達手続き | 整備 | 運用 | 評価 | 改善 |

▲ クラウドを中心とした ICT 環境導入・活用プロセス

総務省「教育ICTガイドブックVer.1」より

学習者用コンピュータの標準仕様書
「新時代の学びを支える先端技術活用推進方策」の考え方に基づき、学習者用端末のモデル仕様をMicrosoft Windows, Google Chrome OS, iPadOSそれぞれについて提示。

学習者用コンピュータ標準仕様書には以下を含む
■ 学習者用コンピュータ標準仕様書例
■ 端末の選定に必要な要素について
　－学習用ツールの検討
■ LTE通信でのネットワーク整備について

※本来、調達は学校の活用方法に応じて自治体ごとに柔軟に行われるべきものとの前提で、簡便な調達に向けたモデル例を示す

校内LAN整備の標準仕様書
「GIGAスクール構想」に基づく、校内LAN整備のモデル仕様を提示。併せて校内LANの他にクラウドサービスを利用するために必要な環境の構築業務等を含む。

校内LAN標準仕様書には以下を含む
■ 校内LAN整備標準仕様書例
■ 調達仕様作成にあたって必要な要素について
　－用語の説明
　－必要機器の数量・スペックの算定方法など
■ その他の標準仕様書
　－クラウド環境等構築業務標準仕様書例
　－充電保管庫標準仕様書例

図9　GIGAスクール構想の実現　標準仕様書について

文科省ＨＰ：https://www.mext.go.jp/content/20200219-mxt_syoto01-000003278_501.pdf

なった（図9）。

　標準仕様書では「学習者用コンピュータの標準仕様書」の部分で「学習者用コンピュータ等機器賃貸借標準仕様書例」が掲載され、①Microsoft Windows端末、②Google Chrome OS端末、③Apple iPad OS端末の3つについて仕様が例示されている。以下、主な項目を比較できるよう表に示す（表1）。

表1　学習者用コンピュータ詳細仕様抜粋

OS	Microsoft Windows 10 Pro	Google Chrome OS	Apple iPad OS
メモリ	4GB以上		
ストレージ	64GB以上	32GB以上	
画面サイズ	9～14インチ（可能であれば11～13インチが望ましい）		10.2～12.9インチ
通信規格	IEEE 802.11 a/b/n/ac以上／LTE		
キーボード	有線日本語JISキーボード（利用者の状況を鑑みてUSキーボードも選択肢）		
カメラ	インカメラ／アウトカメラ		
音声入出力	マイク／ヘッドフォン端子（入出力端子との共用含む）		
入出力端子	USB3.0以上		Lightning／USB Type-C
バッテリー持続時間	8時間以上		
重量	1.5kg未満		
その他	デタッチャブル型／コンバーチブル型		端末を自立させるスタンド

詳細仕様とされるが、標準仕様書の例示は、あくまでも参考情報とされており、個別の自治体が策定する細かな仕様を縛るものではないと文部科学省が見解を示している。

一方で、学習者用コンピュータ仕様策定にあたっては次の視点を踏まえて検討することが求められている。

①新学習指導要領におけるICTを活用した学習活動を具体的に想定すること。
②ICTを活用した学習活動を踏まえ優先的に整備すべきICT機器等と機能について具体的に整理すること。
③必要とされるICT機器等及びその機能の整理に当たっては、限られた予算を効果的かつ効率的に活用すること。
④学習者用コンピュータは先端技術を取り入れた高価・高性能な機種である必要はなく、むしろ不要な機能をすべて削除した安価なものを時代に合わせて更新していくこと。
⑤従来の端末に集中したオンプレミス型よりも、適切な通信ネットワークとパブリッククラウドによるクラウドコンピューティングを基本とすること。
⑥調達に当たっては、サプライチェーン・リスクに対応するなど、サイバーセキュリティ上の悪影響を軽減するための措置を必要とすること。

3 学校ネットワーク環境の全校整備

3.1 整備予算

学校内の通信ネットワーク整備部分は、2020年度予算の要求・要望段階（2019年8月）の計画（図2）からGIGAスクール構想実現の支柱的事業である。

2020年度当初予算の要求・要望段階では3か年計画として初年度375億円を要望していた。これが2019年度補正予算では単年度整備として1,296億円が措置された。その後、2020年度第1次補正予算で71億円の追加措置がなされた。

以上の経過をたどり「学校ネットワーク環境の全校整備」として総額1,367億円の予算措置が行われたが、この中には、小・中・特支・高等学校等の校内LAN環境の整備のほかにも施設工事を伴うものとして電源キャビネット設置（義務教育課程のみ対象）の予算も含まれる。上限額は学校単位で3,000万円、下限額は学校設置者単位で400万円となっている。2020年度中の整備完了をめざす（図1）。

注意を必要とする点としては、学校外とのインターネット接続はこの予算措置で対象外となっていることである。事業構想として学術情報ネットワーク「SINET」への接続を描いたポンチ図が目立った（図2）が、GIGAスクール構想実現事業の予算範疇に学校外インターネット接続の通信料等は盛り込まれていない。

ただし、その他の項目や他省庁の関連予算によってLTE通信や学校外インターネット接続の予算補助が可能な部分もある。当初はそれらを組み合わせることが期待されて

いる。

3.2　整備仕様

　学校外インターネット接続は今回の措置対象ではないものの、高速な外部インターネットとの接続を前提とした学校内ネットワーク整備は求められている。そのため、学校外ネットワークとの接点であるルータ機器等については考慮が必要となる（図10）。

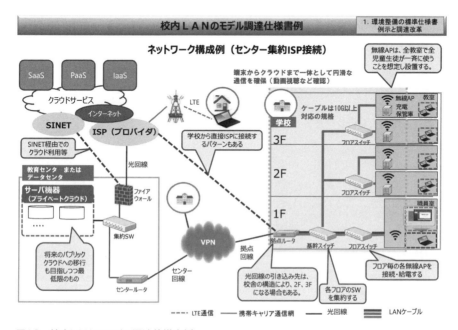

図10　校内LANのモデル調達仕様書例
文科省ＨＰ：https://www.mext.go.jp/content/20200303-mxt_jogai02-000003278_407.pdf

　標準仕様書では、校内LAN整備調達仕様書作成にあたり校内LAN配線に必要な項目として以下のように示している。
　・現場調査（配線ルートの確認など）
　・ネットワーク機器用電源コンセントの用意
　・配管工事（配線ルート作成に必要な場合）
　・LANケーブルの配線
　・ネットワーク機器（ルータ、スイッチ、無線APなど）の設置・設定
　・動作試験
　このうち、配線するLANケーブルについて「基幹部分は原則10Gbpsで接続可能なCat 6 A以上ケーブルの利用を指定する」として高速通信への対応を求めている。またルー

タや各種スイッチ、無線APも十分な帯域と同時接続処理性能の確保が必要とされる。

　必要帯域の算定には、学習活動で利用するサービスの仕様帯域目安を示し、同時に使用する台数、教室ごと、フロアごと、学校ごとで必要な帯域を算出するよう促している。

　ネットワーク設備の構築には、外部接続ネットワーク回線等の仕様も大きく関係するため、標準仕様書には校内LANはもとより、ネットワーク回線に関するモデル例も合わせて示されている。その他にも、クラウド環境等構築業務標準仕様例が学習用ツール設定の項目を含む形で、充電保管庫標準仕様例は様々な機能が存在することを示す形で、標準仕様書に掲載されている。

4　GIGAスクールサポーターの配置

　各自治体で大規模な学校ICT環境整備を進めるにあたって、これを支援するための施策として「GIGAスクールサポーターの配置」（図11）が予算に盛り込まれた。

　これまでも教育の情報化に関連する整備予算は措置されてきたものの、全自治体の津々浦々まで執行されることは稀であった。実際の予算配分が各自治体の裁量である地方財政措置であることに起因して、おのおのの地域の実情に沿った予算編成が優先さ

図11　GIGAスクールサポーター配置支援事業

文科省ＨＰ：https://www.mext.go.jp/content/20201030-mxt_jogai01-000010768_001.pdf

れ、教育の情報化に予算が振り分けられない自治体も多かったからである。

　また、文教所管部局（教育委員会等）関係者にICTに造詣の深い者がいることは実際のところ珍しく、教育の情報化に対する知識や情報が不足した状態のため、措置案件に十分対応できない自治体が多いことも原因だと、しばしば指摘されてきた。

　そこで文部科学省は、2015年度より「ICT活用教育アドバイザー派遣事業」を開始し、ICT活用教育の推進計画やICT整備計画等を策定しようとする自治体に対して助言を行うアドバイザーを派遣した。アドバイザーには、関連分野に詳しい研究者や先進的に取り組み経験をもつ教育委員会関係者等が任命された。そこで得られた課題と解決策などは共有され、「教育の情報化推進事例」として役立てることも事業の一環であった。

　2015年度開始から2020年度に至るまで、ICT活用教育アドバイザー派遣事業は継続してきたが、GIGAスクール構想実現事業の開始に伴い全自治体が教育の情報化を推進する状況となって、各教育委員会をサポートする人員がより多く必要になった。特に環境整備に関わる技術的アドバイスの要求が高まることを見通して、2020年度補正予算では「GIGAスクールサポーター配置支援事業」（図11）が盛り込まれることとなったのである。

　こうして、ICT環境整備を支援する人的リソースは、「ICT活用教育アドバイザー」「GIGAスクールサポーター」「ICT支援員」という三者が並び、文部科学省はその関係を図12で整理している。

ICT活用教育アドバイザー、GIGAスクールサポーター、ICT支援員の概要

ICT活用教育アドバイザー　＜令和２年度文部科学省事業　５月11日より相談窓口開設＞

＜事業の流れ＞
国がアドバイザーを手配し、**各教育委員会等**に対し、派遣やオンラインで環境整備やICTを活用した指導方法など、教育の情報化に関する全般的な助言・支援を行う
※　アドバイザー：大学教員や先進自治体職員など、教育の情報化の知見を有する者

＜主な業務内容＞
ICT環境整備の計画、端末・ネットワーク等の調達方法、セキュリティ対策、ICT活用（遠隔教育含む）に関する助言　等

国
アドバイザーによる助言・支援
教育委員会

GIGAスクールサポーター　＜令和２年度補正予算 105億円（自治体に対し、国が1/2補助）＞

＜事業の流れ＞
各教育委員会等が国の補助金等を活用して、サポーターを募集・配置し、**学校における**環境整備の初期対応を行う
※　サポーター：ICT関係企業の人材など、特にICT技術に知見を有する者

＜主な業務内容＞
学校におけるICT環境整備の設計、工事・納品における事業者対応、端末等の使用マニュアル・ルールの作成　等

国
補助金
教育委員会
サポーターの配置
学校

ICT支援員　＜４校に１人分、地方財政措置＞

＜事業の流れ＞
各教育委員会等が地方財政措置を活用して支援員を募集・配置し、**日常的な教員の**ICT活用の支援を行う
※　支援員：業務に応じて必要な知見を有する者

＜主な業務内容＞
授業計画の作成支援、ICT機器の準備・操作支援、校務システムの活用支援、メンテナンス支援、研修支援　等

教育委員会
支援員の配置
学校

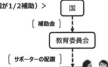

図12　ICT活用教育アドバイザー、GIGAスクールサポーター、ICT支援員の概要

文科省ＨＰ：https://www.mext.go.jp/content/20201030-mxt_jogai01-000010768_002.pdf

GIGAスクールサポーター登場以前より学校教育現場を支援するため奔走してきた「ICT支援員」は、日常的な教員のICT活用の支援を行う者として地方財政措置（図4）で4校に1人分の予算が組まれている。

　ICT支援員に関しては、曖昧な業務内容や不安定な雇用状況に関する問題が続いており、抜本的な解決はみていない。

　そのような状況の中で、技術的な知見を有する者として色付けられ、おのずと専門性の高さを求められるGIGAスクールサポーターという人員に対しても、ICT環境整備の初期対応だけを求める業務内容は相応しいのか、技能に見合う納得できる雇用や契約を結ぶことが可能なのか、ICT支援員との業務連携をどうするのか、初期対応完了によるサポーター配置終了後の対応など、様々な懸念が生まれていることも事実である。

⑤ 緊急時における家庭でのオンライン学習環境の整備

　2020年に入り、COVID-19の拡大が社会全体の活動を停滞させた。3月から5月までの学校休校が明らかにしたのは、学校毎の情報通信環境の格差だけでなく、家庭毎に家庭学習の環境が大きく異なっていたことであった。情報ネットワークへのアクセス権が国民に保障されていない状況では当然の事態であった。

　休校中も子どもたちの学びを止めないため、様々な取り組みが生まれた。テレビ・ラジオ放送を利用したものもあった。しかし、全国の児童生徒に学習リソースを届ける手段としてインターネットは大変有効な方法であり、ネット接続の術を持たない家庭に対して、何かしら支援が求められたのは自然なことであった。

　事態を受けて、2020年度第1次補正予算で「家庭学習のための通信機器整備支援」（図13）および「学校からの遠隔学習機能の強化」（図14）が盛り込まれた。

　「緊急時における家庭でのオンライン学習環境の整備」では、GIGAスクール構想実現で整備される児童生徒用学習端末について持ち帰りを前提としており、それらが「家庭でも繋がる通信環境の整備」を明確に打ち出している。これはCOVID-19感染拡大といった緊急時だけの利用に留まらず、平常時から頻繁に家庭へ持ち帰って利用することが緊急時の利用にも繋がることを含意している。

　GIGAスクール構想が「教育実践と最先端のICTのベストミックス」のもとで教育実践と学習を展開していくものであるならば、緊急時のために措置されたこれらの整備を平常時から利用し、仮に緊急事態が発生したとしても連続的・持続的に教育と学習活動を続けられるようにすることが望ましい姿となる。

家庭学習のための通信機器整備支援　　令和2年度補正予算額　147億円

○ 新型コロナウイルスのような感染症や自然災害の発生等による学校の臨時休業等の緊急時においても、ICTの活用により子供たちが家庭にいても学習を継続できる環境を整備しておくことが必要。

○ このため、子供の学びの保障と教育の機会均等の観点から、児童生徒に貸し出し可能なモバイルWi-FiルータやUSB型LTEデータ通信機器（USBドングル）などの可搬型通信機器を学校に一定数整備することにより、Wi-Fi環境を整えられない家庭においても家庭学習が可能となるインターネット通信環境を提供する。

【対象となる学校種】
国・公・私立の小・中・特支等

【国立】 補助対象：国立大学法人	補助割合：定額（上限1.0万円）
【公立】 補助対象：都道府県、市町村	補助割合：定額（上限1.0万円）
【私立】 補助対象：学校法人	補助割合：1/2（上限1.0万円）

※必要な者に貸与が出来るよう、低所得者世帯への貸与用として整備する場合に補助。

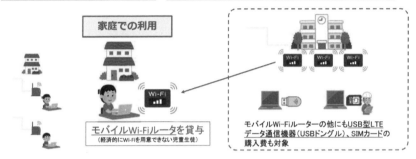

家庭での利用

モバイルWi-Fiルータを貸与
（経済的にWi-Fiを用意できない児童生徒）

モバイルWi-Fiルーターの他にもUSB型LTEデータ通信機器（USBドングル）、SIMカードの購入費も対象

図13　家庭学習のための通信機器整備支援
文科省HP：https://www.mext.go.jp/content/20200509-mxt_jogai01-000003278_602.pdf

学校からの遠隔学習機能の強化　　令和2年度補正予算額　6億円

◆ 子供たちの学びを保障できるよう、今回のコロナウイルス感染症のみならず自然災害の発生等による学校の臨時休業等の緊急時においても、学校と児童生徒とのやりとりが円滑にできる環境が必要。

◆ このため、同時双方向で教師と児童生徒とのやりとりを円滑に行うために、学校側で教師が使うカメラやマイクなど、遠隔学習に対応した設備を整備する。

【対象となる学校種】
国・公・私立の小・中・高校・特支等

【国立】 補助対象：国立大学法人	補助割合：定額（上限3.5万円）
【公立】 補助対象：都道府県、市町村	補助割合：1/2※（上限3.5万円）
【私立】 補助対象：学校法人	補助割合：1/2※（上限3.5万円）

≪※1/2補助の算定イメージ≫
4万円（購入費）＞3.5万円（上限額）　→　3.5万円×1/2＝1.75万円（補助額）
3万円（購入費）＜3.5万円（上限額）　→　3.0万円×1/2＝1.50万円（補助額）

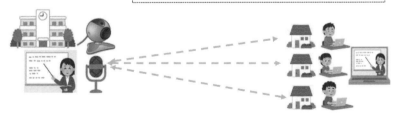

図14　学校からの遠隔学習機能の強化
文科省HP：https://www.mext.go.jp/content/20200509-mxt_jogai01-000003278_602.pdf

6 GIGAスクール構想の先に

　2020年時点のGIGAスクール構想実現事業は、学校内のICT環境整備という段階を予算措置したものであった。今後、さらに学校外とのネットワーク接続やクラウド環境の整備といった部分に進むことが推察される。同時進行している活用面の施策では、デジタル教科書や学習ログ等の教育データの活用について方針が打ち出されつつあるが、更なる議論の積み重ねも必要とされている段階にある。

　COVID-19への対応を余儀なくされ、ICT環境が一気に整備されることとなったが、利用や活用のノウハウ蓄積は永続的に続くであろうし、また新たな技術の進展とともに環境が再更新されていくことも見据え対応していくことが肝要であろう。

3 1人1台の時代の情報モラル教育

石原一彦

2020年度より小学校で新しい学習指導要領が順次実施され、GIGAスクール構想により1人1台の環境が整備された。この間、情報モラルはネットで生起する様々な生徒指導上の課題までも抱え込み肥大化していった。この機に従来の情報モラルを整理してスリム化し、1人1台の環境に対応した新しい情報モラルが求められている。ここでは、ネットの匿名性を体験的に学ぶ授業と教材作成を通してネットの課題を考える授業を紹介する。

1　1人1台の情報環境

2020年は多くの人々の記憶に刻み込まれるに違いない。言うまでもなく新型コロナウイルスの感染が地球規模で拡大したからだ。教育に携わる人々にとっても強烈な記憶としていつまでも残るだろう。この年、学校現場は年度をまたいで混乱に陥った。3月には全国の学校で臨時休校が始まり、4月からの新学期にも休校措置が継続された。「学びを止めるな」の掛け声のもと、ICTを活用した家庭学習や遠隔授業が好むと好まないとに関わらず推奨されるようになった。同時に4月からは改訂された学習指導要領での新しい教育課程が小学校で開始された。また情報教育の分野においても政府の「GIGAスクール構想」によってすべての小中学生に「1人1台」の端末が配布され、情報環境が一気に整備された。さらに家庭への持ち帰りも遠隔学習のツールとして容認された。子どもたちはネットワークに接続された自分専用のノートパソコンやタブレットを学校や家庭で操ることになった。

この「GIGAスクール構想」は何もないところから突然降ってわいたわけではない。いくつかの段階を経て「1人1台」の情報環境を整えるという方向性が定められてきた結果でもある。

10年前に遡るが、学習指導要領が改訂され、2011年度に小学校で新しい教育課程が完

全実施され、翌2012年度からは中学校でも完全実施に移行した。新課程が小学校で始まって間もなく、2011年４月28日に文部科学省（以下「文科省」と略す）から「教育の情報化ビジョン～21世紀にふさわしい学びと学校の創造を目指して～」（以下「情報化ビジョン」と略す）が発表された。これは2010年４月に設置された「学校教育の情報化に関する懇談会」が教育の情報化に関する議論を一年かけてまとめたものである。この「情報化ビジョン」は「教育の情報化」に関する国としての中期的な指針を示すもので、政府のIT戦略本部が2010年６月に公表した「新たな情報通信技術戦略工程表」の中で、教育分野の取り組みのベースとして位置づけられている。

2011年度から小学校で始まった教育課程における教育の情報化については、「教育の情報化に関する手引（平成22年10月）」で詳しく解説されているが、この「情報化ビジョン」は、“次の10年”（＝次期学習指導要領）を見据えたもので、教育の情報化の今後の動向や、それを支える環境整備および支援体制のあり方について次期の改訂、つまり2020年度の学習指導要領の方向性を視野に入れながら一定の指針を示したものである。端的に言えば「情報化ビジョン」には、10年前の「今」が描かれているのである。

この「情報化ビジョン」には「21世紀にふさわしい学びの環境とそれに基づく学びの

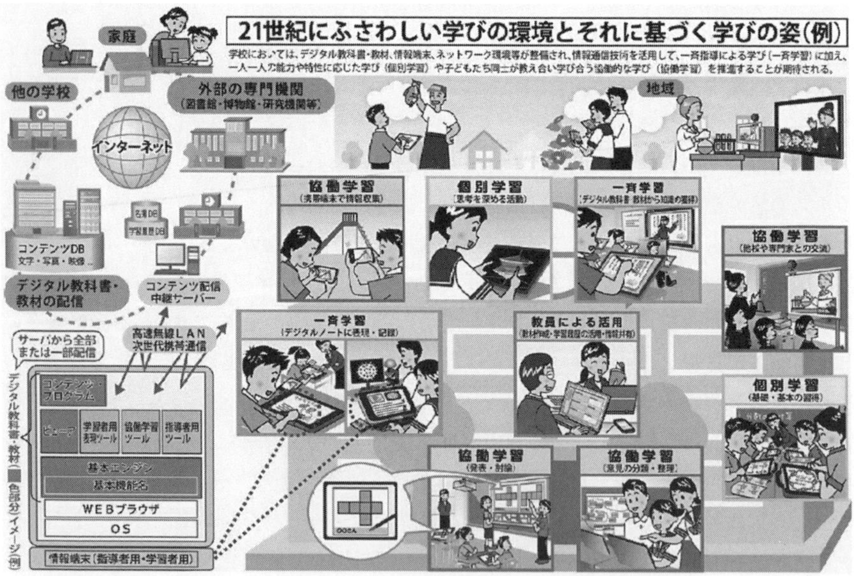

（注１）各部の名称は仮称である。例えば、基本エンジンは、プラットフォームと呼ぶことも考えられる。
（注２）基本機能としては、編集・移動・追加・削除などが考えられる。
（注３）「学習者用表現・協働学習ツール」として、デジタルノート、メール等が考えられるが、学習者用デジタル教科書・教材の範疇に含めることも考えられる。
（注４）「指導者用ツール」として子どもたちの情報末端の画面をモニター及び制御すること等が考えられるが、デジタル教科書・教材の範疇に含めることも考えられる。
（注５）授業風景については、あくまでもイメージであり、特定の情報末端等を想定しているものではない。

図１　21世紀にふさわしい学びの環境とそれに基づく学びの姿（例）
文科省ＨＰ：https://www.mext.go.jp/component/a_menu/education/micro_detail/__icsFiles/afieldfile/2017/06/26/1305484_01_1.pdf

姿（例）」と題された資料が添付されているが、そこにはまさに1人1台の環境が整ったことを前提にして、「GIGAスクール構想」後の「今」の姿がイラストで例示されている。ICTを活用した学習の在り方では、「一斉学習」、「個別学習」、「協働学習」などの学びの姿やクラウドの活用による教材配信、他校や家庭、地域、外部の専門機関とのネットワークを介した連携などが見受けられる。また、子どもたちが用いる情報端末の姿にも注目すると、すべてのコンテンツやアプリがブラウザ上で動作し、WEBアプリを用いたデジタル教科書やデジタル教材なども想定されている。このように「情報化ビジョン」は当時の10年先、つまり2020年を視野に捉え、1人1台の環境など教育現場での情報環境の将来の姿が描かれているのである。

「情報化ビジョン」はあくまでも「ビジョン」であったが、実際に学校に1人1台の環境を整えて実証研究を行ったのが、総務省の「フューチャースクール推進事業」だ。2010年度にスタートしたこの実証研究では、まず全国から小学校10校が選ばれ、すべての児童と学級担任に1台ずつタブレットやノートPCが配布され、さらに教室に1台ずつの電子黒板が設置されて、1人1台の環境を活用した実証研究が行われた。翌2011年度には中学校および特別支援学校でも同様の実験が開始されている。

この「フューチャースクール推進事業」でも2020年が一つのマイルストーンとして位置付けられている。事業の構想では2020年までに小学校、中学校、高等学校、特別支援学校における教育環境のICT化を構築し、学校と家庭がシームレスにつながる教育、学習環境を整備することを目ざす、とされている。そして2020年を迎え、すべての児童生徒に情報端末を持たせる「GIGAスクール構想」が登場するのである。

② 「GIGAスクール構想」の課題

「GIGAスクール構想」に戻ろう。もちろん1人1台の端末が配布されるだけで教育の情報化の課題が解決するわけではない。むしろその逆だ。「GIGAスクール構想」で投じられた税金に見合う教育的成果として期待されているのは、お絵かきやパズルを子どもたちに繰り返しさせることではない。「教科指導における多様な学びの創出」や「個別最適化された学びの実施」、「遠隔学習による学びの継続」などネットワークと一体となったICTの利活用が期待されている。しかしながら、このような期待にこたえるために解決すべき課題が山積している。「GIGAスクール構想」で配布された情報機器類が学校現場に押し付けられる邪魔なもの、面倒なものとして「キワモノ」扱いされ、以前にいくつかの学校で導入された人型ロボットと同じように、資料室の片隅に放置されて埃を被ってしまいかねない。いくつかの課題に目を向けてみよう。

（1）学習者用アカウントの配布とLMS及び教育用コンテンツの整備

　「GIGAスクール構想」には高速ネットワークの整備と１人１台の端末の配布と共に、クラウドの教育利用もテーマに加えられている。クラウドの活用を行うためにはアカウントを学習者１人ずつに設定し、それぞれの学習者に運用させる必要がある。また、安全目的の名目でファイヤーウォールやフィルタリングシステムが必要以上に機能することで強固に制限を受け、ボトルネックが発生してしまわないように、快適で効率よくネットワークが利用できるクラウドへの帯域を確保しなければならない。その上で一人ひとりの学習者に対応したLMSのシステムを導入し、授業や家庭での遠隔学習に利用できる環境の構築が必要だ。今後、休業措置がいつ実施されても「学びを継続する」ために、テレビ会議を併用しながらLMSを効果的に活用できるようにバーチャル・クラスルームの構築と運用のスキルがどの教員にも求められる。

　教育用コンテンツの整備も大きな課題だ。整備された情報環境をどのように使えば教育活動の質的向上＝授業改善が可能になるのかを見極め、運用の知見を広めることが大切になる。そのためにはクラウドに置かれた教育素材やコミュニケーションツール、指導者向け及び学習者向けのデジタル教科書やノート、デジタル教科書に付随する様々なワークシートやテスト類、ネットワークを安全で正しく使うための入門用プログラムなどの教育用コンテンツをクラウド上に制作し、全国の教育関係者や児童生徒が共有できる必要がある。

（2）情報モラル教育のアップデートとネットワーク入門プログラムの開発

　従来学校で行われてきた情報モラルの授業をアップデートすることも重要な課題だ。まず情報モラルのスリム化である。

　情報モラルは我が国で作られた造語であって、文科省は「情報社会で適正な活動を行うための基になる考え方と態度」と定義している。インターネットの普及に伴って、インターネットの黎明期にしばしば用いられていたInformation Ethics（情報倫理）に代えて、情報モラルという言葉が使われるようになった（この点に関しては本書の共同執筆者である芳賀氏が詳しく述べている）。そして子どもたちをめぐって顕在化してくるネット上の諸課題に対応するため、情報モラルとして指導する課題の範囲が広げられ、追加されて内容が次第に肥大化してきた。今や情報モラルは相手を思いやる気持ちや自分の行動に責任をもつなどの道徳的倫理観の徳目を担うだけでなく、ネットいじめやネット依存への対応、フィルタリングの設定やルール作りの話し合いの進め方など生徒指導の領域までも背負い込むことになった。情報モラルはネットに関わるすべての課題を引き受けてくれる大変便利な言葉になったのである。この肥大化した情報モラルを体系的・系統指導するのはもはや不可能であり、学校ごとに必要な内容を選択して指導す

るか、外部講師を招聘して体育館で講演を聞かせるなどの生徒指導の行事を情報モラルの授業と読み替えるしかない。

　情報モラルの授業にも多くの課題が残っている。抑制的な教材（使い方を間違えて恐ろしい状況に追い込まれ、ネット利用の警鐘を図る）を用いてネットの使い方に警鐘を鳴らすのが情報モラルの一般的な授業展開である。しかし、恐ろしい結果を提示する教材を用いることで、ICTを積極的に前向きに使おうとする意欲や熱意を削ぎ落し、ICTを危ないもの、近づいてはいけないものとしてなるべく使わせない方向に子どもたちを導いてしまうことになる。「安全」と引き換えに、ICT活用から手を引かせる取引を子どもたちに強いているのだ（これが本書の共同執筆者である坂本氏のいう「保護主義」である）。

　のちに詳しく述べるが、ここにある入門プログラムとは、情報モラルをアップデートした結果として示されるものだ。情報モラルから道徳や生徒指導を取り除き、情報モラルにはない「デジタル・アイデンティティ」を付加した上で、初等中等教育向けにデジタル・シティズンシップの内容を系統化した指導計画である。道徳や生徒指導は不要だというわけではない。ますます増加するネット上の諸課題に対して、アップデートされた情報モラルとして指導すべきものと、道徳や生徒指導として指導すべきものを切り分け、それぞれの境界線と範囲を明確にしてあらかじめ指導計画を策定しておくことが大切である。

（3）教員研修とICT支援員の配置

　教育改革の成否は人的資源をいかに効率よく実行力のあるものにするかどうかにかかっている。管理職や教育委員会のリーダーシップのもと、「一人の100歩よりも100人の一歩」を大切にする民主的な校内文化の醸成が求められる。システムの運用に伴う各種ポリシーの策定も教育委員会と連携しながら進める必要がある。

　教員のトレーニングも大切な課題だ。「GIGAスクール構想」を推進するためには、すべての学校のすべての教員に指導用端末を使いこなすスキルが必要になる。それに加えて担任にはLMSなどの学習管理システムやテレビ会議システムなどを効果的に活用して学級をバーチャルで運用するスキルも必要になる。「GIGAスクール構想」は選ばれた一部の学校の実証実験ではなく、すべての学校で日常的に利用しなければならないからだ。健全にシステムを運用するためには、情報担当教員に運用を丸投げするのではなく、ICT支援員や多くの専門家を学校に招き入れて支援を得ることが大切である。

3 子どもたちのネット環境

　では実際に子どもたちのネット環境はどのようなものなのか、ここからはしばらく子どもたちの日常生活におけるネット環境について考えてみたい。

　教育現場における1人1台の情報環境とは別に、子どもたちの生活の場ではすでに情報機器が1人1台の環境で使われている。ゲームや音楽鑑賞などのようなエンターテインメントを楽しむためのデバイスとして、あるいはSNSや無料通話アプリなどの通信デバイスとして、パーソナルユースの世界では1人1台の環境ですでに使われている。内閣府の「青少年のインターネット利用環境実態調査」によると、2020年の時点で小学生のインターネット利用率は90.5%、スマホの所有率は約40.2%となり、おおよそ小学生の3人に1人がスマホを用いてインターネットにアクセスしていることになる。このため正しく安全に情報を使うスキルが必要となる対象が低年齢化しつつある。

　ところで子どもたちはインターネットを何に使っているのだろうか。内閣府の同調査によると児童がスマホで一番多くインターネットを利用するのは動画視聴（67.0%）である。さらに2番目がゲーム（62.9%）、3番目に同率で情報検索とコミュニケーション（42.1%）が続いている。インターネットの活用方法を「パーソナルユース」と「教育利用」の二つに分けた場合、我が国では圧倒的に「パーソナルユース」での利用が進んでいて、子どもたちにとってインターネットとは遊び道具の一部にすぎないのである。ここで注意したいのはゲームである。ゲームとはいっても、1人のプレーヤーがモニターに向かって対戦する従来型のテレビゲームではない。多くの子どもたちが興じているのは携帯ゲーム機やスマホなどの端末をインターネットに接続してプレーを行うオンラインゲームである。子どもたちは可搬性のあるスマホでゲームに参加しているので、いつでも、どこでも、誰とでもゲームができる環境にある。児童生徒に人気のあるバトルロイヤル系のオンラインゲームではネットで「仲間」を募ってチームを作り、チームで敵を倒すことで「勝利」となる。ネット上の参加者が集まってチームを作るため、見ず知らずの人たちとの接点が作られる。このようにゲームでありながら「横方向」につながるため、子どもたちを夢中にしている現代のゲームには匿名の誰かと不用意につながる要素も含んでいる。

4 情報モラルの定義

　「小学校学習指導要領　特別の教科道徳解説編」（以下「特別の教科道徳」は「道徳」と略す）には「情報モラルに関する指導を充実すること」として、情報モラルを次のよ

| 情報モラルとは | 情報社会で適正な活動を行うための基になる考え方と態度 | | であり、 |

図2　文部科学省初等中等教育局「学校における情報モラル教育について」（抜粋）
文科省HP：https://www8.cao.go.jp/youth/kankyou/internet_torikumi/kentokai/43/pdf/s3.pdf

うに定義している。「情報モラルは情報社会で適正な活動を行うための基になる考え方と態度と捉えることができる。内容としては、情報社会の倫理、法の理解と遵守、安全への知恵、情報セキュリティ、公共的なネットワークがあるが、道徳科においては（略）、特に、情報社会の倫理、法の理解と遵守といった内容を中心に取り扱うことが考えられる」。ここでは情報モラルの内容を「情報社会の倫理」、「法の理解と遵守」、「安全への知恵」、「情報セキュリティ」、「公共的なネットワーク」の5項目に分類している。情報モラルをこのような5項目に分類する考え方は「教育の情報化に関する手引き（平成22年）」でも触れられており、旧学習指導要領で示された情報モラルの考え方をそのまま踏襲しているといえるだろう。

　一方、「小学校学習指導要領　総則解説編」（以下「小学校学習指導要領総則」は「総則」と略す）には「情報モラルとは，『情報社会で適正な活動を行うための基になる考え方と態度』であり，具体的には，他者への影響を考え，人権，知的財産権など自他の権利を尊重し情報社会での行動に責任をもつことや，犯罪被害を含む危険の回避など情報を正しく安全に利用できること，コンピュータなどの情報機器の使用による健康との関わりを理解することなどである」と書かれている。総則で定義された情報モラルは「自他の権利を尊重し行動に責任をもつ」、「情報を正しく安全に利用できる」、「情報機器の使用による健康との関わりを理解する」の3項目に整理されている。道徳では「内容としては・・・」、総則では「具体的には・・・」と異なる言い回しで切り分けられてはいるが、共に情報モラルを扱う道徳と総則でその定義が異なり、一種の「ねじれ」が生じているといえる。道徳で定義されている5項目については、内容が肥大化し、指導内容も観念的なものや生徒指導的なものもみられる。それに対して総則では文科省の「学校における情報モラル教育について」（図2）にもあるように内容を3項目に精選している。今後、総則で示されたこの3項目を軸にして情報モラルの内容を考えることにする。

5 デジタル・アイデンティティ（D・I）

　情報モラルをアップデートする上で削り落とさなければならない内容として道徳や生徒指導の領域があることは今まで触れているが、反対に情報モラルにはなく、デジタル・シティズンシップには不可欠な内容がデジタル・アイデンティティ（以下「D・I」と略す）である。D・Iとは自分を識別するデジタルの情報群のことで、我々の生活には実に多くのD・Iが使われている。自分が使うコンピュータやスマホのログインパスワードをはじめ、添付されたファイルを開くためのパスワードや学習サイトにログインするためのID・パスワード、無線LANに接続するためのパスワードなど数え上げるときりがない。ID・パスワードだけではない。自分を表現するデジタル情報として、住所、氏名、マイナンバーなどの個人情報や、履歴書、学業の成績、職歴などの機微情報も含まれる。人は成長するに伴って、使うべきD・Iが膨れ上がり、その管理方法が問われるようになる。デジタル・シティズンシップは情報社会を生きる上で必要となるスキルを育てることが目標であるが、安全で効果的なD・Iの運用が含まれるのは当然である。そしてD・Iの指導は子どもたちが情報機器を活用し始める前から系統的に行わなければならないのである。このように考えるとネットワークに参加するためにはその前の段階できちんとしたユーザー教育を施すことが必要になる。それはネットワークに参加する方法を教えるだけではない。D・Iを効率よく管理し運用するスキルも含まれている。

　「GIGAスクール構想」で期待される「個別最適化された学び」とは自分のレベルにあったドリルをひたすら繰り返すことではなく、学習履歴を生かした学びの改善である。ここにもD・Iの学習は深く関わっている。ネットワークに参加した時に作成したクラウド上の自分専用の学習履歴を残すエリアには、学習を終えるたびに学習成果物が収められる。これらを手掛かりにして、自らの理解の特性や学習の在り方を見直し、メタ認知を高めることで自らの学びを個に応じた最適なものに改善することができる。このような「個別最適化された学び」を実現するためにはD・Iに対する理解が必要である。

　AIやビッグデータが今後一層存在感を増す時代を生きる子どもたちは、自分の生い立ちや学習履歴、読書記録、病歴など様々な機微情報を含む自分に関する個人情報と共に生きていかなければならない。参加するだけでなく、自分の身は自分で守るというプライバシー保護の意識とともに、ネットワークの構成員としての責任を果たし、一人ひとりの参加者がネットワークに貢献することの大切さを学ばなければならないのである。

⑥ デジタル・シティズンシップを育てる授業

　次に、情報モラルの授業の手法についても考えてみたい。従来から取り組まれてきた情報モラルの授業は、「暗転型の教材を用いた脅迫型」になっていることが課題である。生徒指導に関わる課題に対応している場合によく使われる授業展開であるが、子どもたちに情報モラル上の注意を喚起したいという大人の願いが前面に出すぎて、非現実的で誇張された話が授業で使われたりする。つまり、従来の情報モラルの授業では、誇張された話で子どもたちを脅迫するのが学習のモデルになっているのである。この種の授業で使われる教材は「暗く」「怖く」「情けない」ものが多く、明るく前向きなものはあまり見られない。指導資料として使われるケーススタディーのプロット（あらすじ）は、主人公のちょっとした不注意や悪意、いたずら心によって、思わぬ状況の悪化を招き、取り返しのつかない結果に追い込まれてしまうという「暗転型」のものが多い。

　このような教材を用いて授業を行うと、子どもたちが情報をより慎重に使おうという意識は強まるものの、情報を積極的に活用しようとする意欲が低減し、創意工夫して情報活用をしようとする姿勢まで削いでしまうことになる。従来型の情報モラルの授業では、子どもたちの危険な行為に対してブレーキがかけられるだけでなく、情報活用の意欲やICT活用の前向きな姿勢に対してまで制動がかかってしまうことが少なくない。しかしこれから先、1人1台の環境で情報を積極的に使うことになる子どもたちにとって、情報を使わないという選択肢はそこにはない。これからの情報モラルの授業では、情報活用の諸課題に対して注意喚起すると同時に、ネットワークの良さやすばらしさも示さなければならない。情報手段を悪用した結果、状況が一方的に暗転するだけでなく、当事者の判断によって状況が悪い面にも良い面にも振れるような「振り子型」の教材を用いた学習モデルが求められる。未来を生きる子どもたちがよりよい情報活用を行って主体的に課題解決できる能力を育むためには、情報活用に対する前向きな姿勢や意欲を抑止することがない、新しい情報モラルの授業を実施することが大切になる。

　ここでいわれている「新しい情報モラル」とはデジタル・シティズンシップを育てる学びを意味するが、「情報モラル」は一般的に広く用いられる人口に膾炙する大きな言葉である。それに比して「デジタル・シティズンシップ」はまだまだ一般的に使われるようにはなっていない。このため、デジタル・シティズンシップという言葉を世に広めると同時に、情報モラルの指導と称して"情報モラルを指導したつもりなのにいつの間にかデジタル・シティズンシップを指導していた"、"気が付いたらデジタル・シティズンシップの授業だった"という戦略も場合によっては必要なのかもしれない。そのために従来の情報モラルをアップデートし、「デジタル・シティズンシップを育てる新しい情報モラルの授業のあり方」を以下の6点にまとめてみた。

(1) 新しい情報モラルの定義では、新学習指導要領総則の定義をベースに道徳や生徒指導の内容を削り落としてスリム化を図ると共に、D・Iの指導を加える。

(2) 新しい情報モラルの指導計画を策定するには、教科横断的に指導時間を確保し、系統化した入門プログラムを低学年から実施する。

(3) 新しい情報モラルのねらいでは、今までの個人についての倫理教育から、集団や社会を意識した公共の倫理観への転換を図る。

(4) 新しい情報モラルの目的では、情報活用を思いとどまらせる禁止教育から積極的に情報手段を用いる活用教育への転換を図る。

(5) 新しい情報モラルの背景として、情報の科学的理解に基づいたネット社会の仕組みや特性の理解を進め、未知の課題にも対応できる資質や能力を育てる。

(6) 新しい情報モラルの手法では、心情的な観念論的理解や行動規範の押し付けから批判的思考（クリティカルシンキング）への転換を図る。

7 デジタル・シティズンシップを育む授業の実践

　最後に具体的な授業実践を2例紹介する。

　1例目は「情報活用トレーニングノート」を用いた「実名と匿名」の授業である。筆者の勤務先である岐阜聖徳学園大学の附属小学校6年生で2017年から19年まで毎年秋に実践したものである。この授業は、前節で紹介した6点にまとめた「デジタル・シティズンシップを育てる新しい情報モラルの授業のあり方」の「(5) 新しい情報モラルの背景として、情報の科学的理解に基づいたネット社会の仕組みや特性の理解を進め、未知の課題にも対応できる資質や能力を育てる」ことを目標にした授業である。

　本授業のねらいは、通常は匿名でネットワーク上のやり取りが行われるが、いざとなれば誰が書き込んだのかが明らかにされるというネット社会の特性を理解することで、情報発信の際には無責任な行為を自戒し、発信内容に責任をもたなければならないことを実践的に理解することにある。自分の発言内容に気を付けながら仲間とのコミュニケーションを楽しむことを通して、ネット社会における情報の特性を理解させる授業である。

　2例目は、「情報モラルの教材を制作する授業」である。

　この授業では「(6) 新しい情報モラルの手法では、心情的な観念論的理解や行動規範の押し付けから批判的思考（クリティカルシンキング）への転換を図る」ことがねらいである。ここでは授業の展開を担う授業の手法について着目したい。本章の第6節では、「(従来の情報モラルの授業で) 使われる教材は『暗く』『怖く』『情けない』ものが多く、明るく前向きなものはあまり見られない。指導資料として使われるケーススタ

ディーのプロット（あらすじ）は、主人公のちょっとした不注意や悪意、いたずら心によって、思わぬ状況の悪化を招き、取り返しのつかない結果に追い込まれてしまうという『暗転型』のものが多い」と述べた。教材を選ぶのは学習者ではなく指導者だ。往々にして指導者は、指導すべき課題に合致したケーススタディーの教材を選び、そのストーリーから「やってはいけないこと」を抽出して学習者に押し付けようとする。教材が学習者にとって本当に必要なものかどうかの吟味はない。このような関係性を反転させるために企画したものが「ペープサート（紙人形芝居）教材」による教材制作の授業である。今までにも「かるた」や「すごろく」、「4コマ漫画」など情報モラルの啓発教材を授業で制作する試みは行われてきたが、時数の問題もあってイベントとしての取り組みに終わり継続して取り組まれることはあまりなかった。「ペープサート教材」は効率よく教材を制作させるために人物や情報機器の画像を集めた素材集である。集めた素材を組み合わせることで効率よく教材を制作できるようになっている。

　授業ではまずどのような課題を選択すればよいか本当に必要なものであるのか自問するところから始まる。課題設定の理由が求められるのである。課題が決まり、次の段階として教材のプロットを考える。この際に、情報がどのように使われるのか批判的に検討することも求められる。学習者はこのような環境を用いて教材が自分たちにとって本当に大切なものであるのかを検証しながら批判的に教材を制作していくのである。この授業を通して、情報モラルの課題やプロットの流れを創作することで、ネット社会に対する主体的で批判的なものの見方や考え方を身につけさせたい。

　それでは授業の様子を見ていくことにする。

（1）「情報活用トレーニングノート」を用いた「実名と匿名」の授業

　筆者が勤務する岐阜聖徳学園大学の羽島キャンパスには附属幼・小・中学校が併設されている。附属小学校では1年から6年まで学年ごとに情報活用能力を育成する「情報の時間」が週1時間で設定されている。6年生の授業では、（株）文溪堂と本学が共同で開発した「情報活用トレーニングノート」（以下「情トレ」と略す）を用いて授業を実施し、筆者も授業者として参加した。

　「情トレ」は「情報化ビジョン」を意識して作られたデジタル教科書である。「情報化ビジョン」には「情報活用に関する基礎的・基本的な知識・技能等を分かりやすくまとめた子どもたち向けの教材が開発されることも期待される」と書かれている。つまり「情報化ビジョン」では、高校の必履修科目「情報Ⅰ」や中学校の技術・家庭科の「D情報の技術」と同じように、小学校でも情報活用能力を育成する情報教育に特化した教科もしくは領域を新設して情報教育を実施しようとするアイデアが提案されている。小学校で情報教育を指導する特別な教科や領域が作られた場合に、教科書として使われるデジタル版「情報活用ノート」をイメージするには、実際に作ってみることが肝要であ

る。授業実践に先立って小学校向けのデジタル版「情報活用ノート」を作成し、その内容の一部について実践を試みた。

このようにして試作された「情トレ」はクラウドに置かれ、それぞれの児童が情報端末を用いて普通教室やコンピュータ室などどこからでも使うことができるようになっている。任意のOSや情報端末でも対応できるように、教材コンテンツとツール類はすべてWEB上に実装されている（図2参照）。

本章では、デジタル・シティズンシップを育てる情報モラルのアップデートという観点から、「情トレ」の第4章の「情報を正しく使おう」の授業を紹介したい。

第4章はまず「トーク」、「掲示板」、「メール」の3種のコミュニケーションツールのうちから体験させたいツールを選んで学級内で体験することになっている（授業時間が許せば全部を体験してもかまわない。図3参照）。附属小学校では主に「トーク」（チャット）を用いて体験学習を行った。まず学習者は実名でチャットを行った。次に匿名による書き込みを行い、2つの体験をもとに実名と匿名でのコミュニケーションの違いを話し合わせる。そして学習者の了解を得た上で児童の目の前で匿名を実名に書き換えた。この「情トレ」には匿名を実名にボタン一つで書き換える機能があり、この機能を生かして、ネットワークでは完全な匿名性が確保されていないことを体験的に学ぶようになっている。

しかし学級チャットによるコミュニケーション実習は、クラス全体で会話を行うため、会話そのものが成立しない状態になる。30名の児童がそれぞれの思いを一斉にチャットに書き込んでくるため、何か質問や呼びかけをしたとしてもそれに答える前に全く関係のない別のメッセージが書き込まれるからだ。したがって、児童の書き込むメッセージは一文完結の投げ込み型で占められ、本来のコミュニケーションを体験でき

図2 「情報活用トレーニングノート」 https://www.jotore.jp/

ているとは言い難かった。また、匿名を実名に書き換える機能は使い方を誤ると人権侵害になりかねない。例えば指導者が児童に匿名で悪意ある書き込みをするように仕向け、そのあとで書き込みをした児童の名前を衆目に晒すという非教育的な指導に陥る危険性もある。そうした指導は児童に多大なストレスを与える不適切な指導であり、極力回避しなければならない。

　そのため、匿名性の性質を児童に実感をもって理解させるとともに、不適切な指導や児童への悪影響を回避する指導方法として、ゲーム的要素を取り入れた新しいタイプの模擬体験の授業を開発した。まずクラス全体をシャッフルして無作為に最大6グループに分けてチャットが体験できる「グループチャット」の機能を新たに追加した。この機能を活用して学習を次のように展開した。

　最初に学級を無作為に6つのグループに分ける（それぞれ5名程度）。次に匿名によるチャットを体験させる。この時は匿名のため誰が書いているのか分からない状態となる。そして書き込みの内容から匿名の人物は誰なのかを類推する。しばらく匿名の状態で交流を続け、タイミングを見計らって教員が匿名を実名に書き換えて公開する。最後に書き込みから類推した人物名を当てることができたかどうか確かめる。

　この学習活動は、匿名での書き込みをヒントに本人を特定するところから「名前当てゲーム」と名付けた。実際の授業では、まず、ゲームの進め方や答え合わせの際にニックネームを実名に切り替える旨を説明した。ゲームが始まるとそれぞれの児童が5人程度のグループの中でチャットを行い、それらの発言内容や言い回しから発言者は誰なのかを類推しあっていた。小グループでの実施なので密度が濃く、会話のやりとりも成立していた。しばらくチャットを続けた後に、「それでは実名を発表します」と声をかけて教員用の設定画面から実名への切り替えボタンを使って匿名から実名に切り替えた。

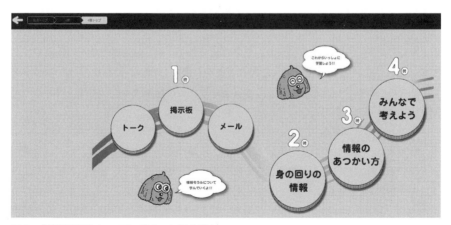

図3　「情報活用トレーニングノート第4章」

実名に切り替わった瞬間、多くの児童から歓声が上がり「やっぱり○○君だ」「○○さんだと思ったのに」などと口々に声に出してゲームを楽しんでいる様子を目にすることができた。

このような経験を生かして、ネットワークでは見かけ上は匿名であっても必要に応じて実名が特定されるというネットワークの特性を体験を通して気づくことができたと考えている。

本授業は、ネット社会のコミュニケーションにおける匿名性について体験的に理解させることを目的にして企画したものである。通常は匿名でのやり取りが行われるが、いざとなれば誰が書き込んだのか実名が明らかにされるというコミュニケーションの特性を理解することで、コミュニケーションの背景となるネット社会の特性を理解できたのではないだろうか。この匿名と実名に関わる学習は、本論で述べてきたD・Iの学習にもつながっていると考えている。

（2）情報モラルの教材を作成する授業

今まで行われてきた多くの情報モラルの授業では、まず構想する段階で教員がテーマを選んだり、年間指導計画に基づいてテーマを設定したりした上で、テーマに合致した情報モラル教材が選択され授業に臨むことになる。授業で用いられる教材は、学ぶべき内容が具体的な事例としてプロットに落とし込まれ、それをテキストや電子紙芝居、漫画、アニメ、ドラマなどの各種メディアに構成して作られている。情報モラルの典型的な授業展開では、このようなケーススタディー教材の視聴を通して、ネット社会で生起する様々な問題事象を顕在化させて児童生徒に警鐘を促したり、問題発生の原因を考えさせたりして学習を成立させてきた。

しかし、新学習指導要領の登場により、従来の授業スタイルに加えて新しい授業スタイルにも目を向ける必要がある。今までの授業スタイルでは、教材コンテンツを視聴した上でなぜそのようなことが起こったか、今後どうすればいいかなどについて話し合い、今後の対処法やあるべき姿についてまとめてきた。新しい情報モラルの授業では児童が課題自体を設定し、問題解決を図ることを目標にしたい。教材を自分たちで作成し、問題の解決法や情報社会での正しく安全な生き方を提案することで逆に学ぶことができると考えたのである。

ペープサートとは厚紙に描かれた人物や動物に棒をつけて演じる紙人形芝居である。主に幼児教育の場で使われている。今回開発するのはこれのデジタル版である。登場する人物の多様な表情や場面、情報機器や吹き出しなどが素材ごとに分類・収集されている（図4参照）。学習者はそれらを組み合わせてプレゼンテーションソフト上に情報モラル教材を作成する。「ペープサート教材」とはいわばデジタル版紙人形芝居の制作キットであり、プレゼンテーションソフトを基本的なプラットフォームとして情報モラ

図4　「ペープサート教材（素材集）」

ル教材を制作するための学習環境である。

　授業のアウトプットは、静止画やテキストを組み合わせて4枚のスライドで構成した情報モラルの教材である。これらの素材を組み合わせて比較的短時間に効率よく情報モラル教材を作成する。「教えるものはよく学ぶ」とのコンセプトに基づいた学習方法である。

　教材を作成する授業の流れとしては次のようになる。まず課題の設定である。児童生徒は、自分たちの経験や置かれている状況から必要と感じる課題を自分で選び取ることになる。次に4枚のスライドで構成される教材のプロットを検討する。4枚のスライドにまとめるところに工夫が必要である。そしてプレゼンテーションソフトをプラットフォームにして素材を組み合わせて4枚のスライドで教材を作成する。作られる教材は静的なコンテンツであるため、必然的に教材作成者が説明や解説を付け加えることで学習を成立させる。この不完結性がペープサート教材の特長の一つであり、足りない部分を教材作成者が補うことで「主体的・対話的で深い学び」を埋め込むことをねらいにしている。

　本学附属小学校6年生の「情報」の授業で「ペープサート教材」を用いた授業を実施した。授業は2クラス、全60名でそれぞれ3単位時間を使って行った。授業では1時間目の最初の15分で「ペープサート教材の作り方」という解説用のプレゼンを用いて教材の概要や課題設定、スライドの作り方などを解説した。コンテンツの制作には1時間目の残りの30分と2時間目全部、さらに3時間目の最初の15分の合計90分を使って教材を作成させた。3時間目の残りの時間で完成した作品を班ごとに発表し合い、いくつかの作品を全員で視聴して良さを認め合った。

授業実践の結果から、まず「ペープサート教材」を用いることで、情報モラル教材の制作という学習活動が小学校高学年の児童でも実施可能であることが分かった。また、比較的短い時間でこれらの学習活動をパッケージ化できることも実証できた。一方で児童が制作した情報モラルの教材のテーマについて大学生や現職の先生方と比べてみると、「ネット依存」や「不正請求」の割合が多いことが分かった。このことから、日ごろから子どもたちが身近に関わる課題として、時間の浪費や課金の不正請求などを捉えていると考えられる。それに対して、個人情報の保護については割合が少なかった。これは、児童にとってこのテーマについて課題意識や切実感をあまり感じ取ることができなかったのではないかと考えられる。

　実際の授業ではこのペープサート教材を利用して情報モラル教材を作成することに主眼が置かれていたが、作成された教材の二次利用についても検討する必要がある。例えば、校内の掲示板に張り出したり、下学年の教室に出向いて啓発活動を行ったりする利用法も考えられる。児童が選ぶ課題の経年的な変化についても調べてみる価値はあるだろう。この授業に取り組んで、児童の情報活用のスキルが高まっただけでなく、課題設定の際に仲間と相談したり、プロットの展開について友人からアドバイスを受けたりしながら進めていく様子が見られた。しかも多くの子どもたちから笑顔が見られたことが印象に残った。情報モラルの授業で見ることができた子どもたちの笑顔を、本授業の成果として最も大切にしたい。

GIGAスクール構想と
デジタル・シティズンシップ教育

豊福晋平

　1人1台への運用転換は、学校に情報ライフラインをもたらし、日常のデジタル化を推し進める。では、①GIGAスクール導入はどの段階を経て展開され、デジタル・シティズンシップ要素がどう埋め込まれるのか、本稿では、特に導入最初期に必要とされる②AUP（Acceptable Use Policy：利用規約）の策定と、③非営利団体Common Sense Educationの教材を用いた初期プログラムについて紹介する。

1　GIGAスクール構想の展開

　GIGAスクール構想は、当初、複数年かけて段階的に整備を行う形で企画されたが、新型コロナウイルス感染症（COVID-19）流行による休校時の学習手段確保のために、急遽計画が大幅に前倒しされ、2020年度にすべてを行うこととなった。

　文部科学省では以前から学習者端末1人1台普及に関する実証実験を進めてきたが、GIGAスクール構想以前に同省が企画した第3期教育振興基本計画（2018~2022）では、学習者用コンピュータを3クラスに1クラス分程度整備とあるので、あくまで授業での一時的な共有機活用が基本的な想定であったことは明らかである。

　これに対しGIGAスクール構想では、個別最適な学びへの対応のための学校公式ID付与や家庭への端末持ち帰りなど、これまでにない前提を含むにもかかわらず、従前から文部科学省が提供してきた活用方法や情報モラル教育の方針では十分扱いきれない、解釈の矛盾や空白が生じている。すなわち、

・関係者の関心がもっぱら授業上の制御技法に偏っていたために、活用の想定も授業内や家庭学習（宿題）の狭い範囲に限られている。
・授業内の活用では、教員がすべて扱いを指示する教具的発想に基づいているので、教員負荷は著しく高くなりがちで、かえって持続的な利用を阻害してしまう。

・情報ライフライン整備の認識が希薄で、学校でのオンライン・コミュニケーションやクラウド環境の日常的利用の要素が著しく疎外されている。
・授業活用に至る前段階の情報、すなわち、大量の情報端末の導入プロセス、授業外での運用、児童生徒との約束事の決め方、保護者への説得等といった知見が十分でない。
・従前の情報モラル教育は、もっぱら児童生徒の私的なICT活用を禁止・抑制する働きかけを強化するので、GIGAスクール構想で日常の学習活動がデジタル化される条件では、指導上の矛盾を抱えてしまう。

　特に、授業上の制御技法への偏重は、もっぱら教員のICT活用指導力にのみ注目する一方で、その他の要素を捨象してきたので、いざ、GIGAスクール構想の実装・具体化を考え始めると、続々と足りない要素が発掘されてしまい、しかも、必要な情報がほとんど用意されていないことに気付いて、途方に暮れるような状況となっている。
　本稿も同様の状況でまとめたものなので、要素整理や体系化が不十分であることはあらかじめ含み置きいただきたいが、この<u>授業活用に至る前段階</u>をどのように認識し、備えるべきか、という点について述べたい。

1.1　学校情報ライフラインの整備

　GIGAスクール構想以前は、授業での一時的な共有機活用が前提なので、学校情報ライフラインの必要性はほとんど検討されてこなかったが、クラウド情報環境を利用するためには、次の必須条件を整える必要がある。すなわち、

・利用者全員に個別の情報端末と学校公式IDを付与する。
・情報端末と利用者（学校公式ID）を紐付けて資産管理する。
・学校公式IDを用いたオンライン・コミュニケーション（メール等）を提供する。
・学校公式IDを用いてクラウド情報基盤・各種サービスの認証を行う。

これによって、

・オンラインの特性を活かした迅速かつ柔軟な連絡応答手段が確保される。
・GIGAスクールの端末に限らず、様々なマシンから自分のクラウド情報環境に簡単にアクセス出来るようになる。
・学校公式IDを用いてオンライン・コミュニケーションの公私が切り分けられる。

といったメリットがある。特に、新型コロナウイルス感染症にともなう長期の休校により、不測の事態が生じた時にも迅速で柔軟な連絡応答手段が保持される重要性は広く認

識されたところだ。

　学校側が情報ライフラインを担うという考え方は、大学等の高等教育機関ではすでに定着しているが、日本の小中高等学校では馴染みがなく、特にオンライン・コミュニケーションを提供することに対して反対する教員が多いことは指摘しておきたい。

1.2　学習者中心の文具的活用

　先に述べた通り、授業内活用で児童生徒の行動を教員が全て制御する教具的発想では、教員負荷が高くなるため、持続的な運用は困難である（これは過去30年にわたって我が国での教育情報化が停滞してきた大きな理由のひとつである）。これに対し、児童生徒側に端末管理と活用を積極的に委ねれば、学習者の自律につながり、教員負荷も軽減される。

　GIGAスクール構想では「文房具と同様に」という表現がある通り、文具的活用の方針がはっきりと示されているが、たとえ文房具を用意しても、教員が一挙手一投足を指示して従わせるやり方では学習者中心にならない。例えば、ある目的に対してICTも含めた手段が複数存在する条件で、学習者自身が「道具立て」する余裕を作ること、すなわち、どの手段が最も目的達成に相応しいか、自ら判断して使い、ふり返る繰り返しを通じて、学習者の道具の扱いは上達する。

1.3　学校における日常のデジタル化

　情報機器を使う効果とは、単位時間あたりの情報効率の圧倒的向上にあるのだから、ICT活用で効果を得ようとするならば、利用頻度と時間と用途を確保して総利用時間を

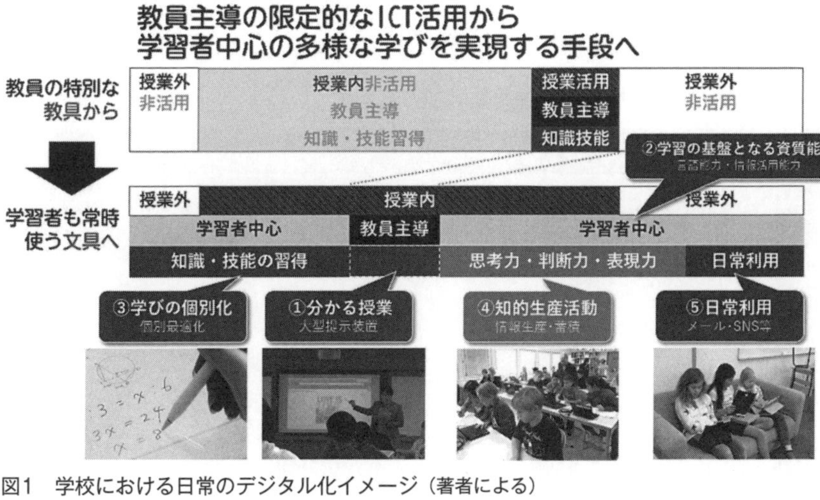

図1　学校における日常のデジタル化イメージ（著者による）

増やす必要がある。これが学校における日常デジタル化の考え方である。教育効果云々を議論する以前に、そもそも使わなければ効果は得られない。

これまでの授業内活用中心の考え方では、ICT活用の決定権は教員がもつので、「授業で教員が必要としなければ、使わなくてよい」という理由が成立した。しかも、その用途の大半は知識・技能の習得（分かる授業）に費やされてきた経緯がある。

しかし、GIGAスクール構想の文具的活用は、1）授業内での教員主導以外の場面でも活用する、2）授業内のみならず授業外でも活用する、3）知識・技能の習得以外でも、思考力・判断力・表現力等の育成（知的生産活動）や日常のコミュニケーションに活用することが想定されるので、在校時間中も家に帰ってからもずっと使い続けるイメージである（図1）。

1.4　家庭での位置づけも変わる

学校における日常のデジタル化が達成されると、家庭側での位置づけも大幅に変わる。一般的な家庭では、学校如何にかかわらず日常生活はすでにデジタル化されているものの、児童生徒の関わり方は、友人間の私的なコミュニケーションや勉強以外の情報消費（エンタテイメント）に大半が費やされてきた。

学校における日常のデジタル化は、先に述べた学習者の文具化と情報ライフライン化を推進するので、これまで切り離されてきた勉学に関する部分と学校との公的なやり取りが統合されることで、情報消費に加え知的創造に関わる領域でも活用がなされるようになる（表1）。これらに伴い、今までは情報モラル教育でもっぱら抑制・禁止を基調としてきた指導も、学習者中心の自律・活用へと舵を切り直さねばならない。家庭でGIGAスクール端末の利用時間が増えることや指導方針の転換を勘案すれば、GIGAスクール導入に際して、保護者に対する学校側の事前説得や協力要請を行っておくことが不可欠であることが分かる。

表1　GIGAスクール前後の学校・家庭の変化（著者による）

	これまで（GIGA前）	これから（GIGA後）
学校	デジタルは非日常 教員が使わせる教具 ネットコミュニケーションなし 抑制・禁止	デジタルは日常（大幅に変わる） 子どもが道具立てる文具 ネット情報ライフライン化 自律・活用
家庭	日常はデジタル化 生活に不可欠 私的交流 勉強以外の情報消費	（学校の影響を受ける）日常のデジタル深化 生活と学びに不可欠 私的公的交流 情報消費＋知的創造

1.5　授業活用に至る前段階の要素整理

　これまで述べてきたような条件を今一度整理してみると、授業活用場面以前にやっておかねばならないことが数多くあることに気付かせられる。すなわち、

・学校の活用方針やルールを<u>AUP（Acceptable Use Policy：利用規約）</u>として明示する。
・学校的日常のデジタル化に耐えうるような<u>基礎ICTスキル・トレーニング</u>を行う。
・抑制・禁止的な情報モラル教育を自律・活用を基調とした<u>デジタル・シティズンシップ教育</u>に転換する。
・教員間、学級間で大幅な格差が生じないように<u>学級</u>での<u>指導事項</u>を調整する。
・学校（管理職）として、保護者に対して丁寧な<u>事前説明</u>と<u>協力要請</u>を行う。

これらをGIGAスクール導入のタイムラインに位置づけ、ピンポイントあるいは持続的かつ計画的に進めなければならない。

　それぞれの要素は実際の利用シーンもトラブル・リスク頻度も大幅に変わってくるので、従前通りの時間割り振り想定では収まらないことが考えられる。例えば、以前の情報モラル教育であれば外部講師に依頼して年間30分程度で済ませられたものが、デジタル・シティズンシップ教育では、米国の非営利団体Common Sense Educationが提供する教材の6領域と学年に応じて、最低でも年間3時間以上は確保しなければならないと見積もる。

　表2はAUP（利用規約）にある「①安全」に紐付いた検討・指導事項の例である。

表2　「安全」と関わる検討・指導事項

AUP（利用規約）	「わたしは、テクノロジーの特性を理解し、①安全に ②責任をもって ③互いを尊重する 使い方を身に付けます。」
デジタル・シティズンシップ教育	プライバシーとセキュリティ ニュースとメディアリテラシー
基礎ICTスキル	IDとパスワードの扱い方 アクセス権と共有範囲の設定 サイトアクセス先や掲載情報の真偽判断
学級指導	IDやパスワードを安全に扱う IDは利用ライセンス 個人情報の公開範囲に留意する 安全なサイト／危険なサイトを見分ける オンラインコミュニティの安全性を考える
学校対応	IDとパスワードの管理／運用 クラウド共有領域の利用ガイドライン リスク・クライシスマネジメント

1.6　GIGAスクール構想の導入想定期

　大量の情報機器を扱うGIGAスクール構想は学校の情報環境を一変させるので、学校常識も揺さぶりを受けることになる。学校にはもともと暗黙・明示されたルール規範があるが、新しいテクノロジーに関しては、その位置付けや線引きは未確定な状態で導入が始まる。

　GIGAスクール構想の導入で、教育関係者が最も大きなストレスを受けると思われるのは、この位置付けや線引きが確定されるまでの攻防戦である。このプロセスをまとめたものが、次の導入段階想定である。

①わくわく期（導入期）…導入2週間

　端末が児童生徒に貸与され、一時的に期待効果が大きく高まる。

②やらかし期（挑戦期）…導入3ヶ月

　学校での新しいテクノロジーの位置付けをめぐって冒険と挑戦が繰り返され、あらゆる課題が噴出する。

③安定期…導入3ヶ月以降

　ICT活用に関する課題が一旦収束する。学校的日常のデジタル化に至るか、死蔵・文鎮化するかが決まる。

　②はやらかし期とあるので、攻防戦は児童生徒VS教員で展開されそうなイメージがあるが、実際には、推進派教員VS生徒指導教員で対立することもあれば、推進したい学校VS慎重な教育委員会という構図もあり得る。

　この想定期で重要なのは、次の2点である。

　1点目は、児童生徒は悪意をもってやらかす訳ではなく、わくわく期から継続する探索・試行錯誤による行為が従前の学校常識を超えてしまい、教員側が慌てて対応を迫られるパターンが生じる、ということ。例えば、英語学習などで使うために、私物イヤフォンを持ち込むことを認めると、個別作業を行っている時間にYouTubeで音楽を聴く子どもが出てくる。これを差し止めるか否か、の判断は実は悩ましい。これでは勉学に関係のないものとして持ち込み自体が禁止されていたものを子どもたちが常に手にしている状況で、何を基準に指導を行うのか改めて問われるということだ。

　2点目は、安定期に書いてある通り、課題の噴出は数ヶ月で収束するということ。これは1人1台の学習者端末環境を先駆的に成功させた経験者にインタビューすると共通して指摘されることでもある。つまり、結末は学校における日常のデジタル化達成であれ、死蔵・文鎮化であれ、一旦学校の中にルール規範が定着すれば課題の噴出は収まるということである。逆に、この②やらかし期における学校対応こそGIGAスクール構想

成功のカギであることを示しており、場当たり的に抑制・禁止的なルールを加えると「チートと規制強化のいたちごっこ」が加熱するので、あっという間に使えない情報環境にしてしまう。だからこそ、学校としてのゴールや大方針をあらかじめ共有しておかねばならない。

❷ AUPの策定

　1人1台の学習者用端末の持続的な活用を前提とすると、学校外（家庭）での活用も含めた機器の持ち運びや、監督者がそばにいない状況で利用がなされることに配慮しなければならない。教員主導ではない学習者中心の運用を前提とした場合、従前のICTの利用の抑止や禁止を基調とした情報モラル教育では不十分で、自律と活用を前提としたデジタル・シティズンシップ教育に転換する必要があるのは明らかである。

　Ribble（2015）[1]はデジタル・シティズンシップ教育の9つの要素のひとつとして「デジタルと法」を挙げているが、そのなかで最初にAUP（利用規約）について述べている。Ribbleによると、2000年前後から米国で情報機器の持ち込みや1人1台の本格的運用が始まるのを契機として、教育委員会や学校が児童生徒や保護者に対してAUPの同意書の取り交わしをするケースが増えてきたが、当初は禁止や抑制の表現ばかりの条項が多く、上手く機能していなかったという。むしろ利用者に何が期待され、どのような目標に到達すべきか指針を示すようなEUP（Empowered Use Policy：権限付与的規約）にすべきだと指摘した。

　そこでこのセクションでは、文部科学省や各自治体が示したAUPを分析考察したうえで、Ribbleが触れたEUPを基調としたGIGAスクール用私案をまとめるまでを紹介したい。

2.1　国内AUPの比較

　文書1は文部科学省事務連絡の別紙「○○学校『タブレット活用のルール』について」[2]である（項目数29）。文書2は熊本市「1人1台タブレット端末運用」[3]である（項目数12）。文書3は後述する「○○学校　テクノロジー利用についての同意書・私案」である（項目数8）。

▌2.1.1　内容特徴

　文書項目の特徴を捉えるため、大雑把に次の4つを考える。1項目に複数の特徴をもつこともある。

①**禁止・制限**（○○しない、変えない、与えない）

文例は次の通り。

・学習活動に関わること以外に使ってはいけません。（文書1）

・持ったまま走ったり、地面に置いたりしない。（文書1）

・タブレットの設定は、勝手に変えません。（文書1）

　特定条件を抑止する項目。いずれも具体的シーンを想定したものだが、禁止・制限が多くなれば児童生徒に窮屈な心象を与え、積極的な活用意欲を失わせてしまう。細則が際限なく増え過ぎれば読まれなくなり（最も規制したい対象ほど読まない）、実質的な効力は失われる。

②指示（○○する、求められる）

　文例は次の通り。

・30分に一度は遠くの風景を見るなど、ときどき目を休ませます。（文書1）

・故障や破損があればすぐに保護者や教師に報告します。（文書2）

・アカウントやパスワードは自分で管理します。（文書2）

　明確な行為指示を与える項目。①の禁止・制限の逆パターンなので見た目にネガティブな印象ではないが、同様に特定条件縛りを増やすので、内容が具体的になるほど項目数が増える傾向にある。

③承諾（先生が指示する、許可を得る）

　文例は次の通り。

・先生の指示をよく聞きます。（文書1）

・先生が許可した時以外でカメラは使いません。（文書1）

・先生が許可したものだけ保存します。（文書1）

　都度、教員に判断を委ねさせる項目。教員の指示が通りやすくなるメリットがあるが、一方では、児童生徒の自律判断の成長機会を奪い指示待ち態勢を促すので、一挙手一投足を指示する教員側の負荷はきわめて高くなる可能性がある。

④介入（学校が確認する、制限される）

　文例は次の通り。

・教員と保護者が、違法・不適切な使用をしていないことを確認することがあります。（文書2）

・不適切な使い方をしたとき、場合によってはコンピュータやネットワークの利用が制限され、学習活動や成績にも影響が及ぶことを、わたしは理解しています。（文書3）

　特定条件を満たした場合、学校側の強制・介入が行われることを予告する項目。介入項目の特徴は、利用者の自由は自律と信頼によって維持されることを示すことである。

▋2.1.2　特徴数の比較

　それぞれの内容特徴を文書別に示したのが図2・3である。

　文書１は項目数が29と最も多いが、①禁止・制限が19個と全体の半数以上を占める。②指示が10個、③承諾が７個と比較的多いのに対し、④介入は１個である。先にRibbleが述べている通り、文書１はまず項目数が多い上に細かな禁止・制限が多数を占めるので、利用抑制的に働く懸念があることと実際には読まれない可能性が高いと言える。

　文書２は項目数が12で、②指示が５個、①禁止・制限が３個、③承諾と④介入が２個ずつである。文書２は文書１と比較すると①禁止・制限事項は少なく、その分②指示が多いところに特徴があり、項目数も控えめで児童にも理解しやすい工夫がなされていることが分かる。

　文書３は項目数が８で、②指示が６個、④介入が２つである。①禁止・制限と③承諾はない。文書３の特徴は、文書１・２と大きく異なり、①禁止・制限事項と③承諾がない代わりに、②指示と④介入で占められている点である。後述するEUP策定ポイントとして、項目数を減らし、方針を明確化することで、利用者の自律判断を求める意図が反映されていると言える。

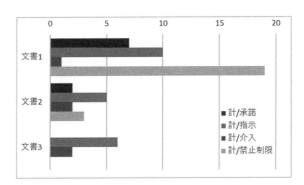

図2　国内AUP文書の特徴比較（個数）

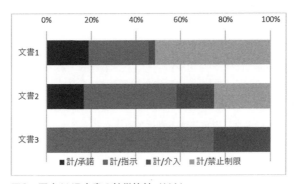

図3　国内AUP文書の特徴比較（割合）

2.2 EUP（Empowered User Policy）を検討する

Ribbleが参考にすべきと挙げたのはMcLeod（2014）のブログ記事[4]である。こちらでは次のようなことが主張されている。

> 大半の学校のAUPには法治主義的な否定的な言葉が多い。No, No,と言う代わりに権限付与的利用規約（EUP：Empowered Use Policy）はどうか、例えば次のようなものだ。
>
> あなたは力を与えられています：素晴らしいことをしましょう。あなたのアイデアと出来ることを私たちと共有し、驚かせてください。
>
> 優しくしましょう：敬意と優しさをもち、学校コミュニティを育てるため協力しましょう。
>
> 賢く、安全にしましょう：不安なことがあれば、私たちに相談してください。
>
> 慎重に、そして紳士的に：私たちのリソースは限られています。私たちのデバイスやネットワークを大切にするのを助けてください。
>
> ご質問があればご連絡ください。

McLeodのEUPはたった４項目しかないが、学校側が子どもたちに語りかける姿勢は一貫していて分かりやすい。これは学校の大方針を示すという意味では効果的である。

2.3 EUP開発の重要質問

Sauers & Richardson（2019）[5]は、米国中西部の州で75存在する１人１台体制の学区におけるAUP（利用規約）を調査してコード化し、３つの主要なテーマを特定したうえで、以下のようなEUP開発を支援する重要質問群を作成した。

U 利用方法

U１ テクノロジー利用のための学校の目的とビジョンは何ですか？

U２ どのような使い方をすれば、テクノロジーの力を得ることができますか？

U３ テクノロジーの適切な使用について、児童生徒／教員はどう学びますか？

U４ 教育委員会は、デジタル市民権をどのように定義、強調していますか？

R 法的要素

R１ 学校はどのように児童生徒・教員への法的ガイドライン教育を行いますか？

R２ 学校は、非倫理的なデバイス使用をどのように監視・対応しますか？

R３ 学校方針と法的指針との矛盾・重複を避けるためには、どうすればよいですか？

R４ 児童生徒のオンライン行動監視のために、保護者は何を要請されますか？

R5　学校所有物ではないデバイスはどのように監視されますか？

P 物理的要素

P1　児童生徒はデバイスのメンテナンスとケアについてどう学びますか？

P2　メンテナンスについての児童生徒の責任は何ですか？　学校の責任は何ですか？

P3　子ども個人のデバイスと学校のデバイスでは、方針はどこが異なりますか？

　GIGAスクール構想に向けた国内AUPを策定する際には、即答しにくい項目も含まれるが（例えばU4・R5・P2・P3など）、必要な要件を検討し揃えるうえでは有効であろう。

2.4　AUP構成上のポイント

　では、これまで述べた検討点に基づき、AUPを構成するために何に留意すればよいだろうか。以下の4点を挙げておきたい。

▌2.4.1　AUPにすべてを負わせない

　1人1台の端末活用は日常的持続的な取り組みなので、AUP以外にも日々の学級指導や授業内指導、デジタル・シティズンシップ教育などを組み合わせて、バランス良く、統合的に設計すべきものである。

　特に、AUPは壁に貼り出したり、たびたび指導時に読み返したりするので、十分な効力をもたせるためには、内容も項目も出来るだけ絞り込んでシンプルにする必要がある。AUPのみで全てを賄おうとすると、重要な方針から些末な留意事項までを雑多に詰め込むことになり、ポイントを欠いた冗長で読まれない文書になってしまう。

▌2.4.2　利用者の自律を促す

　各利用者の自律判断を促すことは、デジタル・シティズンシップそもそもの教育的意義に加え、教員側の管理・制御負荷を低減することで持続的運用を可能にするメリットがある。

　1人1台の端末運用では常時数多くのマシンが稼働するので、指示やトラブル対応の負荷が教員1人に過剰に集中すれば、すぐに収拾がつかなくなる可能性がある。あるいは、いつも監督者がそばに居るわけではないことを理由に、端末の家庭持ち帰りを躊躇させるかもしれない。管理統制志向を強化するほど教員側の負荷は高くなるので、運用指導も利用抑制側に傾きがちになってしまう。

▌2.4.3　指針を明解に示す

　AUPには、重要な利用指針を関係者間で共有し、それぞれの立場の役割と責任を明

確にする役割をもたせる。

特に重要なのは、AUPを貫く利用指針である。デジタル・シティズンシップでは、利用者の自律判断と積極的活用を原則とするが、成長期の児童生徒が扱うがゆえに、保護と教育的指導を前提とした条件付きであることを明らかにしなければならない。

つまり、利用者の自律判断と積極的活用は年齢や発達段階を踏まえたものであること、また、それらが認められるのは、あくまで関係者間の原則了解と相互信頼に基づくもので、信頼が失われる事態が生じれば、強制や介入を発動せざるを得ない、ということだ。

■ 2.4.4　同意を取り交わす

本章で提案するAUPの文書形式は米国のものを参考に児童生徒・保護者と同意を取り交わす形になっているが、これは学校からの一方的なルールの押し付けでは、デジタル・シティズンシップがめざす自律と活用の原則にそぐわないからである。

ただし留意すべきは、日本の学校では長らく児童生徒や保護者に同意文書を交わしたり、契約を行ったりする発想がないうえに（せいぜい学校ホームページへの写真・氏名掲載同意を得ることくらいだろうか）、米国のように法的根拠が明示されているわけでもないので、現時点でAUPを用いて厳密に責任分界点を定め、厳密な契約的強制力をもたせるのは難しい。本来であれば、訴訟にも耐えうるような枠組みとすべきで、今後の検討が必要とされるところだ。

ちなみに、同意書形式で書かれてあることに対しては、保護者不同意を懸念する声が上がりやすいが、特に、GIGAスクールの最初期段階では、学校の利用方針を明確に伝え説得をする手間を厭うと、後で課題が生じた時に収拾がつかなくなりがちである。保護者の側の懸念点や認識のズレを初期段階で修正しておくことは大切である。

2.5　テクノロジー利用についての同意書・私案

ここまでの知見をもとに、表題の通り「テクノロジー利用についての同意書・私案（中学校版）」を策定した。以下にその解説とともに示す。

❶わたしは、テクノロジーのよき使い手として、日々の生活や学びにコンピュータを役立てます。

［解説］現代の情報社会では、個人の資質や能力はテクノロジーと一体化しているという認識にあります。「テクノロジーのよき使い手となる」ことは、デジタル・シティズンシップ教育の目標でもあり、生徒自身が将来のための職能を獲得し、生活や人生を充実させるために必要です。

また、生活と学びははっきり区別されるものではなく、むしろ、生活要素のすべ

てに学びがあると考えれば、生活のなかでコンピュータを賢く役立てることが、学びをいっそう豊かにすることにつながります。

❷わたしは、テクノロジーの特性を理解し、①安全に ②責任をもって ③互いを尊重する使い方を身に付けます。

[**解説**] テクノロジーは鋭利な刃物と同じ特性をもちます。正しい使い方をすれば、大きな力を役立てることができますが、誤った使い方をすれば、自分のみならず周囲や社会にも危害が及びます。本文にある①安全に ②責任をもって ③互いを尊重する、の３点は、米国非営利団体Common Sense Educationのデジタル・シティズンシップ教材で繰り返し強調されるポイントで、生徒たちは次のようにテクノロジーの使い方を学びます。

①テクノロジーを安全に使う：

　自分や他人の個人情報をネット上に公開しない（セキュリティとプライバシー）、安全なサイトや信頼できる情報を吟味・選択する（ニュースとメディアリテラシー）。

②自身のテクノロジー利用に責任をもつ：

　オンラインでの活動はすべて記録されていることを理解する（デジタル足跡とアイデンティティ）。自身の適切なメディアバランスについて考え、健康を保つ（メディアバランスとウェルビーイング）。

③テクノロジー利用では互いを尊重する：

　写真撮影・録画・録音をしたり公開したりする時には相手の許可を得る、他人の作品や表現を尊重し、使用する時には許可を得る、相手を思いやり、傷つけたり、不快感を与えたりしない（対人関係とコミュニケーション）（ネットいじめ・もめごと・ヘイトスピーチ）。

❸割り当てられた学校公式ID・パスワード・コンピュータは、わたしが責任をもって管理します。

[**解説**] 学校公式IDは、学校に関わる活動でコンピュータやネットワークを扱う時に、生徒個人を識別する大切な情報で、パスワードは個人の情報を守るためのカギの役割を果たします。発達段階に応じてパスワード管理の指導は変わりますが、中学生は生徒自身が適切に管理することを強く期待されています。

　生徒のコンピュータは、本校在学中に限って学校側が貸与するものです。期限が過ぎれば返却し、後輩の生徒が引き続き使うことを理解してください。

　自分の持ち物であることを分かりやすくするために、コンピュータ本体を痛めない範囲でシールを貼ったり、画面の壁紙を変更したりすることはかまいませんが、

学校で使う道具であることは意識しましょう。

❹違法・不適切な使用を避けるため、学校公式IDを用いたコンピュータの活動は「いつ」「だれが」「何をしたか」学校ですべて確認可能なことを、わたしは理解しています。

［解説］生徒は成長の過程にあるので、大人と同じふるまいを求めることが難しい時もあります。学校は生徒を導き支える責任を負っているので、成長に応じてコンピュータ・ネットワーク活動範囲の提供や権限の付与を行い、違法・不適切な使用があればこれを是正指導する必要があります。

　学校公式アカウントを用いた活動は、教育委員会ですべての履歴を記録しており、ふだんは個人特定しないレベルで大雑把な利用傾向を把握しますが、何か事案が起こった場合やトラブルが疑われる場合は、管理者として詳細な監査を行う用意があります。

　教育的には、学校公式アカウントを用いた活動を明確に監査の対象と宣言することで、自身のデジタル足跡を意識し、正しい使い方やメディアバランスを考えるきっかけを与えます。

❺不適切な使い方をした時、場合によってはコンピュータやネットワークの利用が制限され、学習活動や成績にも影響が及ぶことを、わたしは理解しています。

［解説］コンピュータやネットワークの不適切な使い方とは、違法行為・目的外利用・破壊・他者への恫喝・剽窃など様々あります。

　コンピュータやネットワークの活用は学校生活に不可欠（ライフライン）です。不適切な使い方によって、利用制限やアカウント停止などの強い措置が執られると、学習に必要な情報・連絡・資料も得られないばかりか、課題提出や応答もできないので、重大な支障が生じる可能性があることを理解してください。

❻コンピュータに故障や破損が生じた時、すぐに保護者や教員に相談します。

［解説］大切に扱っていても、時としてコンピュータの故障や破損は起こります。機器の不調や破損が起こった時は1人で抱え込まず、すみやかに保護者や教員に相談して適切な解決が得られるようにします。

❼わたしは、生活の適切なメディアバランスについて考え、自身の健康を保ちます。

［解説］コンピュータやネットワークの活用を日常とする生活では、使いすぎや依存の懸念も増えます。しかし、コンピュータを使っている様子だけでは、勉強なのか遊びなのか分かりませんし、メディアを全く使わない日やネットの利用時間を一

律に決めて守らせようとしても、たいがい上手くいかないものです。

　学校でのデジタル・シティズンシップ教育（メディアバランスとウェルビーイング）では、適切なメディアバランスを考え、ふり返りをし、心身の健康を保つのは自分自身であると教え、①使ってはいけない時間を家族と約束する、②自分の置かれた状況でメディア利用の優先順位を決める、ことでメリハリをつけた使い方を推奨します。

❽保護者は、生徒の健全な育成のため、コンピュータの扱いやネットワーク活動について適切な監督と関与が求められることを理解しています。

[解説] 先に示した通り、生徒自身がテクノロジーの特性を理解し、自律したよき使い手となるためには、成長の過程での周囲の関わりが不可欠です。学校はコンピュータやネットワーク活用のガイドラインを示し、適切な使い方指導を行うとともに、その利用状況を保護者と共有します。ご家庭でも、保護者の立場として生徒のテクノロジー利用の成長過程に関わり続ける必要があることをご理解ください。

3 Common Sense Education教材

　豊富な教材がすでに揃っている情報モラル教育と比較すると、欧米中心のデジタル・シティズンシップ教育は、日本国内で利用可能な教材が十分ではない。しかし、米国では非営利団体Common Sense Educationによるデジタル・シティズンシップ教材[6]が広く普及しており、英語版からの翻訳も一部で進められている[7]。このセクションでは、教材の構造とGIGAスクール構想導入初期における適用方法について述べておきたい。

3.1 デジタル・シティズンシップ教材の背景

　James & Weinstein & Mendoza（2019）[8]によると、Common Sense Educationは2010年にハーバード大学大学院のProject Zeroと協働を開始した。Project Zero（PZ）は子どもたちのデジタルライフを研究しており、デジタル・ジレンマ教育担当チームが教材制作に関わっている。

　教材には次のような特徴がある。

・若者がデジタルの世界をナビゲートするために必要な知識スキルに加え、性質的（知識スキルを用いるか否か、どのように用いるかを持続的に思考・行動・強化する傾向）アプローチを重視する。デジタル・シティズンシップでは、5つの中核的性質を定義している（①落ち着いて内省する ②見通しを探索する ③事実と証拠を探す ④可能な行動方針を想定する ⑤行動を起こす）。

・有効な教育技法としては、思考ルーチン（短い文章で、アクセスしやすく、覚えやすい）を用いる（例えば、スローダウンして、立ち止まって、考える）、真正な活動を実践に組み込む（画像分析・個人課題・シナリオ・文章の書き出し・ソクラテス式問答）、デジタル・ジレンマを扱う。

・デジタル・ジレンマとは、答えの正誤をにわかに決められない課題で、子どもに限らずデジタルに関わる全ての人が関係する。デジタル・ジレンマには個人的・道徳的・倫理的・市民的の4つの領域がある。

3.2　6つの領域とGIGAスクール導入段階での配置

Common Sense Educationのデジタル・シティズンシップ教材は6つの領域からなる。各領域が扱うテーマと中心的な問いは、次の通りである。

① メディアバランスとウェルビーイング：デジタル生活にバランスを見出す
　　スクリーンタイムを有意義にするにはどうすればよいでしょう？

② プライバシーとセキュリティ：みんなのプライバシーに気を配る
　　個人データを安全に保護するにはどうすればよいですか？

③ デジタル足跡とアイデンティティ：私たちは誰なのか自分で決める
　　オンラインのアイデンティティにどのように責任をもてますか？

④ 対人関係とコミュニケーション：言葉と行いのパワーを知る
　　ポジティブな関係を構築するにはどうしたらよいでしょう？

⑤ ネットいじめ・もめごと・ヘイトスピーチ：親切と勇気
　　オンライン・コミュニケーションではどのように相手に親切に敬意をもって礼儀正しくすることができますか？

⑥ ニュースとメディアリテラシー：批判的思考と創造
　　自分が見たものを批判的に捉え創造するにはどうしたらよいでしょう？

これらの6領域をGIGAスクール構想の導入期とリスク課題に当てはめてみると、表3のような配置が出来る。各領域には幼児向けから高校3年生向けまで、各学年用の教材が用意されているので、発達段階に応じた課題に取り組むことが出来る。

3.3　各教材の構成

Common Sense Education教材は、指導案、提示用授業スライド、教員／児童生徒用配布資料のほか、半数以上の教材にビデオ動画教材が付属する。さらに、家庭に持ち帰るための「家庭活動」や「保護者Tips」が用意されており、授業で行った内容を家庭に持ち帰ることもできる。授業は一般には45分目安で設計されているが、ビデオ動画視

表3　Common Sense Education教材とGIGAスクールの導入段階

	Common Sense Education 教材の領域			リスクと課題
	安全に	責任をもって	互いを尊重する	
わくわく期 （導入期）	②プライバシーとセキュリティ	③デジタル足跡とアイデンティティ		初歩的トラブル 保護者の不同意
やらかし期 （挑戦期）		①メディアバランスとウェルビーイング	④対人関係とコミュニケーション	児童生徒の冒険と挑戦 保護者のネット依存懸念
安定期	⑥ニュースとメディアリテラシー		⑤いじめ・もめごと・ヘイトスピーチ	深刻な課題トラブル 情報の真贋判断

聴を中心にした15分程度のQuick Activityが用意されている教材もある。

　例えば、５年生向け「私のメディアバランスを見つける～私にとってのメディアバランスとは何だろう？」はこのような構成になっている。以下、指導案から一部を示す。

3.3.1　概要

　子どもたちの健康的なメディア選択を支援することは良いスタートになります。しかし、現実世界で彼らが実際に責任ある選択をするにはどのように支援したらよいでしょうか。この授業では個別化されたメディアプランの作成機会を与えます。

3.3.2　子どもたちのすること

・彼らが日常生活でどの程度バランスが取れているかを反映する。
・「メディアバランス」が何を意味するのか、それがどのように適用されるか検討する。
・健康的でバランスの取れたメディア利用のための個別計画を作成する。

3.3.3　授業の進め方（全体45分）

ウォームアップ：私の完璧な１日	15分
動画視聴：メディアバランスとは何だろう？	15分
作成：自分のメディアプランを作る	15分

3.3.4　ウォームアップ：私の完璧な１日　15分

・「私の完璧な１日」児童に資料への記入を指示し、10分で完成させ、まとめた結果を相手と共有するよう促します。
・質問します：今、自分の完璧な１日が与えられたと想像しましょう。ただし、それは１週間連続でなければいけません。７日間連続であなたは同じことをし続けますか。

「完璧な1日」計画の何かを変更するなら、何を変えますか？ アイデアを相手と共有しましょう。

・児童たちに話し合うよう指示し、バランスのために変更された部分を強調します。

■ 3.3.5　動画視聴：メディアバランスとは何だろう？　15分

・指示します：今日、私たちはメディアをどのように使うか、そのバランスについて話します。これには、コンピュータなどデジタルのモノと、本や雑誌などデジタルではないものが含まれます。メディアには、大勢の人々が情報を入手し共有する方法（テレビ、本、新聞、電話など）がすべて含まれます。

・動画を視聴し、質問します「ビデオで出てきたメディアバランスとは何ですか」。

・児童に返答を促します：何を？ いつ？ どのくらい？の検討の枠組みと、さまざまな活動を通じてどう感じたか明らかにする方法を検討します。

・質問します：あなたの「完璧な1日」計画（1週間）はバランスが取れていると思いますか？ 何故ですか？ 児童にどのくらいの種類の活動を含んでいたか、答えを促します。また、児童の選択によって本人たちが前向きで健康的な気分になったか、答えを促すこともできます。

■ 3.3.6　作成：自分のメディアプランを作る　15分

・「私のメディアバランス」児童用配付資料を配付して指示します：バランスと、あなたが前向きで健康的に感じるための活動について話したので、次にメディアバランス計画を立てましょう。

・メディア計画を完成するために個別の取り組み時間を与えます。

・配布資料を回収し、児童の学びを評価します。

注

1　M. Ribble (2015). *Digital Citizenship in Schools: Nine Elements All Students Should Know* (3rd ed.). Washington, DC: International Society for Technology in Education.

2　文部科学省（2020）令和2年4月23日付事務連絡：新型コロナウイルスによる緊急事態宣言を受けた家庭での学習や校務継続のためのICTの積極的活用について　https://www.mext.go.jp/content/20200427-mxt_kouhou01-000004520_1.pdf

3　熊本市教育センター（2020）熊本市学習用iPadの利用についての同意書　http://www.kumamoto-kmm.ed.jp/link/iinkai/tabletpc/

4　Scott McLeod (2014) "Instead of an AUP, how about an EUP (Empowered Use Policy)?", http://dangerouslyirrelevant.org/2014/03/instead-of-an-aup-how-about-an-eup-empowered-use-policy.html

5　Nicholas J. Sauers & Jayson W. Richardson (2019) "Leading the Pack: Developing

Empowering Responsible Use Policies", *Journal of Research on Technology in Education*, 51:1, 27-42, DOI: 10.1080/15391523.2018.1539644

6 https://www.commonsense.org/education/digital-citizenship/curriculum

7 https://docs.google.com/spreadsheets/d/1AhiOAT9kvkvnp1ax8wAjO_dpLbrholoqMMv EqZV8R08/edit#gid=1510883760

8 C. James, E. Weinstein & K. Mendoza (2019). *Teaching digital citizens in today's world: Research and insights behind the Common Sense K–12 Digital Citizenship Curriculum*. San Francisco, CA: Common Sense Media.

デジタル・シティズンシップ教育の実践と課題

今度珠美

　本章は、デジタル・シティズンシップ教育と、米国における著名なデジタル・シティズンシップ教育教材であるCommon Sense Educationの概要を解説、整理し、日本で実践する際に想定される課題をまとめた。

　まず第1節でデジタル・シティズンシップ教育の構成要素について解説する。次に、米国の代表的なデジタル・シティズンシップ教育教材としてCommon Sense Educationについての概要を述べる（第2節）。そして、Common Sense Educationのカリキュラムについて解説する（第3節）。最後に本章をまとめ、課題について述べる（第4節）。

1　デジタル・シティズンシップの構成要素

　デジタル・シティズンシップについては、国際教育テクノロジー学会International Society for Technology Education（ISTE）が次のような構成要素を示している（2016年版を引用）。

　1　エンパワーされた学習者
　2　デジタル・シティズン
　3　知識の構成者
　4　革新的デザイナー
　5　コンピュテーショナル思考をもつ者
　6　創造的コミュニケーター
　7　グローバル・コラボレーター

　そして、2の「デジタル・シティズン」については、次のように定義が説明されている。

　「生徒は相互につながったデジタル世界における生活、学習、仕事の権利と責任、機会を理解し、安全で合法的倫理的な方法で行動し、模範となる」。

その構成要素は次の通りである。

　2a. 生徒は自らのデジタル・アイデンティティと評判を構築・管理し、デジタル世界における行動の永続性を自覚する。

　2b. 生徒はオンラインでの社会的相互交流を含んだテクノロジーを利用もしくはネット端末を利用する場合は、ポジティブで安全、合法的で倫理的な行為に携わる。

　2c. 生徒は知的財産を使用・共有する権利と義務への理解と尊重を態度で示す。

　2d. 生徒はデジタル・プライバシーとセキュリティを維持するために個人のデータを管理するとともにオンライン・ナビゲーションの追跡に利用されるデータ収集技術を意識する。

　この構成要素は、生活、学習、仕事の基盤としてのソーシャル・メディアを意識し、スマホなどの端末の利用を肯定的に捉えていることが特徴的といえる。

　また、マイク・リブルの『スクールリーダーのためのデジタル・シティズンシップ・ハンドブック』では、新たな9つの要素に改訂された（Mike Ribble & Marty Park, 2019）。

　1　デジタル・アクセス
　2　デジタル・コマース
　3　デジタル・コミュニケーション&コラボレーション
　4　デジタル・エチケット
　5　デジタル・フルーエンシー
　6　デジタル健康福祉
　7　デジタル法と規範
　8　デジタル権利と責任
　9　デジタル・セキュリティとプライバシー

　この5番目の要素であるデジタル・フルーエンシーには、「メディア・リテラシー」と「情報評価能力」が含まれた。

　2017年4月に米国ワシントンで制定された「デジタル・シティズンシップ法」によると、デジタル・シティズンシップとは「今日の情報技術の利用に対して適切かつ責任をもった健康的行為の規範であり、デジタルおよびメディア・リテラシー、倫理、エチケット、および安全性、メディアへのアクセス、分析、評価および解釈」を含むものとして定義されており、メディア・リテラシーを包摂することが明記されている。

　メディア・リテラシーに関しては、全米でメディア・リテラシー法の制定に取り組むMedia Literacy Nowのウェブサイト（図1）では次のように解説されている。

　「メディア・リテラシー教育（メディアのメッセージに批判的思考を適用し、メディアを使って自分のメッセージを作成することを教える）は、21世紀の重要なスキルです。メディア・リテラシーは、アメリカの子どもたちの健康と幸福、そして将来の民主

図1　Media Literacy Now ウェブサイト　https://medialiteracynow.org

主義の市民生活や経済生活への参加に不可欠なものです。
　　・メディアのメッセージ（それらが存在するシステムを含む）を解読する。
　　・それらのメッセージが思考、感情、行動に与える影響を評価する。
　　・思慮深く、良心的にメディアを創造する。」
　2017年には、Media Literacy Nowによりコネチカット州でもメディア・リテラシーとデジタル・シティズンシップ法が可決された。この法律は、2016-2017年の学校年度から、安全で倫理的で責任あるソーシャルメディアの利用について生徒に教えることを学校に義務付けるものである。
　Media Literacy Nowの研究者であるクルアン・ウェッブは、次のように述べている。「インターネットはこれまで以上に多くの情報にアクセスできるようになりましたが、残念ながら事実と虚構の境界線が曖昧になり始めています。コネチカット州の生徒たちが現代社会で責任ある市民となるように準備するためには、メディアリテラシーの教育を確実に受けさせなければなりません。これは、どのような情報が信用でき、何が信用できないのかを見極めるのに役立ちます。これらの基本的なスキルは、将来の世代が情報を得て、安全を確保し、良きデジタル市民になるのに役立つものです。」
　この、ウェッブの見解は、デジタル・シティズンシップ教育ではメディア・リテラシーが重要な意味をもつことを示している。その目的には、単に個人のリテラシー能力の育成に留まらない、めざす社会像を見ることができる。ちなみに、ウェッブの見解にある「デジタル市民」とは、ワシントン州のデジタル・シティズンシップ法では、「メディア創造の主要な方法であるデジタルツールを効果的かつ深く考えて活用するリテラシー・スキルをもった市民」と定義されている。情報社会を構築する善き市民には、

「批判的思考と創造者としての責任」が必要であることを示している。

　また、国際教育テクノロジー学会（ISTE）は、生徒のためのデジタル・シティズンシップ基準を表1のように定めている。この基準では、生徒に対しては、主体的かつ積極的に安全で責任をもった行動を取る能力を求めており、教員に対しては、実践を通じて合法的で倫理的な行動を示すこと、学習者中心の教育方法を示すこと、グローバルな意識づけを展開し模範となることを求めている。デジタル・シティズンシップ教育が、「オンラインおよびICTの利活用を前提」とし、その環境で安全かつ責任をもって「行動するための理由と方法」を主体的に学び、仕組みを理解するだけではなく「情報技術に関連する人的・文化的・社会的諸問題を理解し、法的・倫理的にふるまう」ための「能力とスキル」を育成する教育であることがわかる。

表1　国際教育テクノロジー学会（ISTE）生徒、教員のためのデジタル・シティズンシップ基準

生徒（学習者）がすべきこと
・情報技術に関連する人間的・文化的・社会的諸問題を理解して、法的・倫理的にふるまうこと。
・情報や情報技術についての安全で合法的で責任をもった利用法を理解して、実践すること。
・協働や学習、効率的な制作の向上を手助けする情報技術の利用に対して肯定的な態度をとること。

教員（授業者）がすべきこと
・進化するデジタルな文化のローカルおよびグローバルな社会問題と責任を認識し、実践の中で法的・倫理的にふるまうこと。
・著作権と知的財産の尊重、情報源の確かな情報と情報技術の安全で合法的・倫理的な使用を推奨し、模範となって教える。
・適切なデジタル・ツールとリソースへの公平なアクセス環境を用意し、学習者中心の教育方法によってすべての学習者の多様なニーズに対応する。
・情報技術と情報を利用する際の作法と責任あるコミュニケーションを促し、模範となる。
・デジタル時代のコミュニケーションやコラボレーション・ツールを用いて様々な人や文化に触れる現代の生徒たちを積極的に理解し、グローバルな視点をもち模範となる。

2　Common Sense Educationの概要

　ここで、デジタル・シティズンシップ教育教材として著名な米国のCommon Sense Educationを紹介する。Common Sense Educationは、ハーバード大学大学院の研究機関Project Zeroで開発された。Project Zeroの考え方は、子どもを教育の中心に置き、教師の役割を「情報を伝えることから、考えを育むこと」、そして「考える機会を作り出すこと」としている。そして、「思考を可視化することで、子どもがどのように理解しているか知ることができる」として指導の効果を上げるための思考の可視化プロジェ

クトを継続している。このProject Zeroが開発した Common Sense Educationによると、本教材は、米国の6万以上の学校に勤務する60万人以上の教育者が利用している。個別のカリキュラムは、デジタル社会で必要とされるスキルと基本的な資質の育成をめざし、そのスキルを確実に実行できるようサポートされている。教材は、幼稚園児から高校3年生までを対象に、デジタルライフで直面する課題と関心に焦点を当て作成されている（図2）。

　Common Sense Educationでは、デジタル社会で善き市民となるため（デジタル市民性）に必要な5つの中核的資質をサポートするよう設計されている（表2）。善き市民として行動するために、「行動する前に一時停止し、考えられる結果を探求し、不快な状況になるかもしれないことを想定し、行動するかどうかを慎重に検討し、責任ある倫理的な結論を出す」ための手順を示しているのである。例えば、道路を横断するとき子どもたちに「止まって、安全を確かめて、そしてゆっくり進んで」と教えるのと同じように、Common Sense Educationでは、デジタルライフの中で「スピードを落として、一時停止して、考えて、ゆっくり行動する」ための方法とその理由を段階的に学ぶよう設計されている。思いやりをもって行動しよう、というような「心情」を学ぶのではなく、「行動（実行）に移すための方法と理由」を具体的に学んでいくのである。

　Common Sense Educationでは、この5つの中核的資質を発達させるための行動中の思考ルーチンも提案している。子どもたちは、デジタルライフで不安または心配な状況

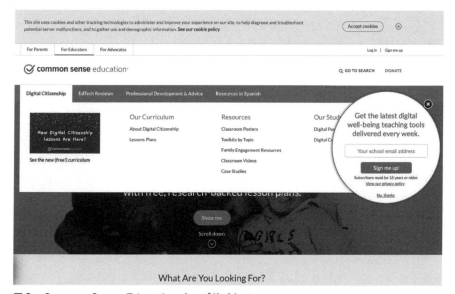

図2　Common Sense Education ウェブサイト（https://www.commonsense.org/education/）

表2　デジタル社会で善き市民となるため（デジタル市民性）の５つの中核的資質

資　質	手　順
落ち着いて内省する	今の感情に注意を払う 第一印象を乗り越える 状況が複雑化する可能性を認識する 習慣を定期的に検討する 不安、不快、悲しい、心配な気分に注意する
見通しを探求する	好奇心をもつ 他者の視点について考える 他者の気持ちに気を配る 自身のモラル・倫理・市民としての責任（責任の輪）、様々な人々の価値や優先順位を考える
事実と根拠を探す	関連する事実を調査し明らかにする 複数の信頼できる情報源から情報を探して評価する さまざまな情報源から根拠を確かめる
可能な行動方針を想定する	可能な行動方針を想定する さまざまな選択肢があなたの考えと目標をどう反映しているか検討する 自分と他者への責任に留意する 考えられる影響を評価する
行動を起こす	積極的かつ生産的だと感じる行動方針を決定する 幸福をサポートするためにデジタル利用の習慣を変更する 必要なときに助けを求める 他者の味方であり支持者になる

に直面した際、この思考ルーチンを利用して「スピードを落とし、一時停止し、考え、ゆっくり行動する」方法を具体的に検討することができるよう作られている（表3）。

　教材は、具体的活動にも踏み込んで提唱されている（表4）。たとえば、各テーマでは、多くの学生にありがちなデジタルジレンマや状況の特徴を捉えたシナリオを提案することで、「ことがらを異なる視点から見る」「考えられる影響を想像する」ための活動に寄与している。

　子どもたちは、デジタルライフの中で、さまざまなジレンマに遭遇している（デジタルジレンマ）。あらゆるジレンマに遭遇したときには、学んできたような正しいと思える行動を選択できない場面もある。Common Sense Educationでは、このような場面で、デジタルジレンマに対処するための具体的な方法を検討する。デジタルジレンマは次の4領域に分別されているが、日本では想定し得ない幅広い領域をカバーしていることが分かる（表5）。

　更に、Common Sense Educationで扱うテーマからは、その学びを通じてどのような社会をめざすのか、明確なビジョンを見ることができる。「メディアバランス」「プライバシーとセキュリティ」「デジタル足跡とアイデンティティ」「対人関係とコミュニケー

表3　5つの資質を発達させるための行動中の思考ルーチン

| 感じる |：感情を確認します：（ソーシャルメディアの利用で）悲しい、不安、排除、心配、または不快感といった感情をもちますか（そうでない場合、どの感情があなたの現在の気持ちを最もよく捉えていますか）。

↓

| 特定 |：その感情につながった原因は何ですか。原因を特定する：それはあなたや他の誰かが言ったことやしたことですか。

↓

| 反映 |：考えられる対応を検討します：どの行動の選択肢が利用可能ですか。
あなたと他の人にとって、その選択肢の利点または欠点は何ですか。

↓

| 制定 |：あなた自身と他の人々にとって前向きで生産的と感じる方法で行動し、状況に対処するための準備を考えましょう。

この思考ルーチンは、「スピードを落とす」「異なる視点を考える」「考えられる選択肢と行動の影響を想像する」ことと「行動を実行に移すための準備」をサポートします。

表4　具体的活動

画像分析	生徒は、生徒がオンラインやソーシャルメディアで見ている画像を批判的に調べ、自身が行動するときスローダウンして批判的に考える活動を助ける。
個人的課題	学生は、前向きな変化を促進し、文書化され実行可能な個々の目標または課題を構築します。
シナリオ	生徒は、子どもが関係して対応できる状況にあるキャラクターが登場する短編小説やビネットに取り組み、検討します。
文章の書き出し	学生は、オンラインで使用する言語を共同開発して学習し（「考慮していない」や「感じた」など）、意見を共有したり、市民と対話したり、不快に感じる要求に応えたりします。
ソクラテス式問答	グループディスカッション形式では、学生はテキストでアイデアを話し合い、お互いに聞き取りを練習し、共通点を見つけます。
動画	学生は、実際の子どもたちのビデオを見て、彼らのデジタルライフの問題についての本物の視点を共有し、会話と視点の取得を促進します。

表5　デジタルジレンマの4領域

デジタルジレンマの4領域
●個人的なジレンマ：対面でもオンラインでも常に手の届く範囲に「繋がりがある」ことに関連する圧力。デジタル足跡、アイデンティティ、自分への評判に関する懸念。
●道徳的ジレンマ：親しい友人、恋人、家族および他の強い絆の間で生じるジレンマ。
●倫理的ジレンマ：遠く離れた人や、より広いコミュニティを巻き込むジレンマ。たとえば、出自や肩書き、属する団体への差別的な発言や流用。
●市民のジレンマ：言論の自由やその他の市民の自由に関する問題の提起、市民的・政治的・または社会正義の問題。

ション」「ネットいじめ」「ヘイトスピーチ（人種問題）」「ニュースとメディアリテラシー」「ネットでの社会的な活動」など多岐にわたるテーマは、必要な知識とスキルを身につけるだけではなく、そのスキルを確実に活用し、人権と民主主義のための社会を構築する善き市民を育成できるよう検討されている。デジタル・シティズンシップが、単に個人の利用上の正義や安全、規範を学ぶ教育ではないことが理解できる。

③ Common Sense Educationのカリキュラムの解説

ここで、Common Sense Educationの6つのカリキュラムについて解説する（筆者が訳し意図が変わらない程度に表現を修正している）。

本教材では、次のような特徴を見ることができる。

・子どものICTの利活用や創造性の育成を阻害しない。
・前提として子どもを信頼し、SNS等の利用やその利点に共感している。
・知識、経験、習慣、技術で解決できないような場に直面したときにどのように行動するのか、その対処する方法、準備を、具体的に検討していく学習形態である。
・テーマ設定が、その学齢の利用実態に沿うものであり、デジタルライフでの現実的なジレンマを丁寧にカバーしている。
・異なる価値観に配慮し、互いの合意形成を図りながら寛容さをもって新たな約束を作るための具体的手順を示し、その約束が確実に実行できるようサポートされている。

（1）メディアバランスとウェルビーイング（幼児〜高校3年）
〜自身のデジタル生活でのメディア利用のバランスを考える〜

保護者や教員、そして子ども自身が考える共通の悩みは、メディアを利用する時間の長さである。時間の長さに注目することは重要だが、Common Sense Educationでは、「スクリーンで過ごす時間」「スクリーン外の時間」に、何をしているかに着目させる。子どもたちが、健康的な生活活動（家族や友人と過ごす時間、学校行事、趣味の時間）とのバランスをとりながら、テクノロジーを善き利用に結びつけられるよう支援することが必要である。

SNSの利用は、10代の子どもにとってメリットとデメリットがある。利用にあたっては、子ども自身がSNSの使用状況を把握し、使用目的を確認し、日常生活の習慣を見直して健康をサポートすることを学ぶ必要がある。過度な利用が認められる子どもの場合、SNSなどの使用に対する感情的反応がより激しくなる場合もあるため、仕組みや背景の要因に着目し配慮することが必要となる。SNSやWebサイト、アプリは、依存につ

ながり、愛着障害を満たすことに寄与するような方法で設計されている。Instagramなどのアプリには、いいねやコメント通知などの反応や承認を確認する機能が組み込まれている。また、YouTubeやNetflixには自動再生機能があり、中断することなくコンテンツを簡単に消費し続けることができる。

メディアバランスの中核となるカリキュラムには、次のような内容が含まれている。

●中心的な質問：スクリーンの時間を有意義にするにはどうすればよいですか？

●子どもたちは、自身の利用状況を踏まえ、日常生活でメディアのバランスを取るための方法を学び、デジタルライフが健康、幸福、および他者との関係に与える影響について検討する。

●レッスンは、「スローダウン（行動する前にスピードを落とす）」と「行動を起こす」ことに焦点を当てる。子どもたちは、デジタルメディアの自身の習慣を調べ、利用しているときの自身の感情を意識し、デジタルでの様々な活動がどのように幸福または負の感情につながるかを調べ、スローダウンすることを学ぶ。彼らは、個別のメディア利用に合わせた計画を作成することにより行動に結びつけ、個人的な課題に対応し、自身のメディアバランスに責任をもつ。

●中学生と高校生は、デジタルメディアがどのように設計され、ユーザーがそれに依存するようになるかを検討する。デバイスとアプリがどのように構築され注意を引き付け、（その注意を）維持するかを分析する。テクノロジーがどのように設計されているかを調べることは、「視点を探る」「その考えられる影響を想像する」「メディアバランスをとる」ことに役立つ。

（2）プライバシーとセキュリティ　〜皆のプライバシーに気を配る〜

Common Sense Educationのカリキュラムは、「データのプライバシー」と「子どもたちのデジタル足跡と評判に対するプライバシーの影響」という2つの角度からプライバシーの問題を扱う。プライバシーとセキュリティでは、特にデータのプライバシーに重点が置かれている。これは、子どもたちのプライベートデータを安全に保ち、リスクから保護するための方法をカバーするためである。アカウントへのサインアップ、オンラインでの買い物、SNSでの情報共有など、オンラインで情報を共有する機会が増えるにつれて、それらに関するデータはデバイス、インターネットアルゴリズム、企業、サードパーティ、音声起動テクノロジーに至るまで、プライバシー管理はますます困難になっている。子どもたちは、プライバシー保護の習慣を早期に学ぶ必要がある。

プライバシーとセキュリティに関するレッスンで中核となるカリキュラムには、以下が含まれる。

●中心的な質問：個人データを安全に保護するにはどうすればよいですか？

●子どもたちは、個人情報とさまざまな種類の情報をオンラインで共有するリスク、安

全なオンライン共有の利点（学習や興味関心のある情報への接続など）を学ぶ。
- レッスンでは、「スローダウン（行動する前にスピードを落とす。個人情報を共有する前に慎重に考える）」「その考えられる影響を想定する（特定の情報を共有することで起こりうるリスクを知る）」「行動を起こす（プライバシーを保護する。自分自身および他者の権利）」方法を学ぶ。
- 小学生は、学習の流れ、動画、思考ルーチンを通して、データプライバシー規則と安全上の注意、強力なパスワードの重要性（およびパスワードを共有しないこと）、フィッシングなどの詐欺を認識する方法を学ぶ。
- 中学生と高校生は、実際のシナリオと動画を使用した教材を通じて、個人データをオンラインで共有することのメリットとデメリットを比較検討する。企業が消費者データを収集、共有、使用する方法を調べ、消費者を保護する法律について学ぶ。また、自分のデータだけでなく他人のデータを保護する方法、オプトアウト（個人情報の第三者提供を本人の求めに応じ停止すること、宣伝広告の受け取りをユーザーが拒否すること）する権利についても学ぶ。

（3）デジタル足跡とアイデンティティ　～我々は誰なのか定義する～

　アイデンティティ（自分が存在していることへの認識、自分らしさやその個性）の探求と自己表現は、若者が幼年期から青年期を経て成人期に移行する際の重要な発達課題である。子どもたちは、自分の人生を表現、キュレート（必要な情報を情報源から収集、整理する）、記録するためのスペースとしてデジタルメディアにアクセスし、アイデンティティを発達させていく。低学年の子どもは、消費するコンテンツの種類や、アプリやゲームで使用するアバターを作成することなどで、アイデンティティを探ることができる。高学年になってくると、自撮りなどを共有する投稿を慎重に選択するようにもなる。一部の10代の若者は、ソーシャルビデオチャットやライブストリーミングを通じてライブ配信を行ったりする。これらは、子どもが残すデジタル足跡であり、オンラインでの活動の記録となる。

　一方で、デジタルメディアは自己表現と創造的な共有のための重要な手段である。デジタルメディアによる表現は、子どもたちが、自分が誰であるかを把握し、自分のアイデンティティを他の人に伝えるという青年期の発達における重要な特徴となっている。デジタル以前の世界で育った人々は、写真のコラージュ、アルバム、掲示板、交換日記などを覚えているだろうか。今日の若者も同様に、画像等を保存して思い出を振り返る機会を大切にしている。

　デジタルメディアは、若者のアイデンティティを探求するためのスペースを提供し、管理することもできる。一部の10代の若者は、自分自身をオンラインで見せるときに（写真の見栄えや、いいねなどの反応に）プレッシャーを感じることがある。これらの

プレッシャーに対応するために、子どもたちは異なるソーシャルメディアプラット
フォームで複数のアカウントを使用し、異なるフォロワーに対するアイデンティティ表
現を管理することがよくある。

そして、オンラインで投稿されたものは、永続的に検索可能で複製可能で評価可能と
なる。一見無害な投稿と客観的に問題のある投稿の両方が、将来的にマイナスの影響を
与える可能性がある。一回限りのコメント、写真（パーティーの画像、性的な画像、ア
ルコールや薬物を含む画像）、または人種差別や性差別的な発言などの憎悪の表現は、
子どもの停学または退学、大学入学の取り消し、奨学金や仕事の喪失などにつながって
しまうのである。

デジタル足跡とアイデンティティに関するレッスンで中核となるカリキュラムは、次
のような内容である。

●中心的な質問：オンラインIDにどのように責任を負えますか？
●子どもたちは、オンライン共有のメリットとデメリットを検討し、デジタル表現が自
　分の感情、評判、および人間関係にどのように影響するかを分析する。彼らは、「こ
　れから起こりうることの探求」と「選択肢と考えられる影響の想像」に焦点を当てる。
●レッスンでは、動画や学習の流れを通し、オンラインアイデンティティの潜在的で永
　続的な性質に関連する個人的、道徳的、倫理的な問題を生徒が考える思考ルーチンな
　どの活動を提供する。
●小学生は「デジタル足跡」という用語の定義に焦点を当て、責任の輪を通して、自分
　自身に対する責任を振り返り、デジタル足跡に関する広範なオンラインのコミュニ
　ティについて検討する。
●中学生および高校生は、デジタルを共有するメリットとデメリットに焦点を当て、自
　己の責任の輪を超えた外側の輪にも焦点を当て、他者のデジタル足跡に貢献する責任
　を理解する。

（4）対人関係とコミュニケーション　〜言葉と行いの力を知る〜

10代の若者たちは、友人や好意をもつ相手との時間に多くの時間を費やしている。彼
らは、デジタルメディアを通じてこれらの緊密な関係をどのように伝え、交流するかを
考えている。

10代の若者は、テクノロジーやソーシャルメディアに対するプラスとマイナスの影響
についてさまざまな見解をもっているが、多くの子どもたちは、ソーシャルメディアは
一般的に自分にプラスの影響を与えると考えている。その最大の理由は友人や家族とつ
ながることができるから。

ただし、スマートフォンや他のデバイスを介して、他のユーザーに年中無休でアクセ
スできる可能性を考えると、親しい友人や好意をもつ相手とのコミュニケーションが多

すぎる、または十分ではない、または適切であるという不確実性に対しストレスも感じている。

ソーシャルメディアを使用して対面での友情をサポートすることに加えて、10代の若者は（インターネット上の）新しい人ともオンラインでつながっていく。また、10代の若者は、ソーシャルメディアを使用して、友だちやパートナーといちゃつき、冗談を言い合い、性的な会話を行うこともある。

教育者と保護者は、テクノロジーがどのように人間関係やつながりを破壊するかも懸念している。

対人関係とコミュニケーションに関するレッスンで中核となるカリキュラムには以下の内容が含まれる。

● 中心的な質問：積極的な（良好な）関係を構築するにはどうすればよいですか？

● 子どもたちは、デジタルメディアのメリットとデメリットを分析し、危険な開示行動に対処し、親しい友人と境界を設定し、ポジティブな関係を構築する。

● レッスンでは、他者の視点を考慮し、自分や他者への責任と責任の輪を意識し、「視点を探る」シナリオと動画を活用する。行動する前に「スローダウン（行動する前にスピードを落とす）」し「不安な感情」に注意を払うために、思考ルーチンを使用して学ぶ。

● 小学生は、オンラインとオフラインのコミュニケーションの違いに注目し、他の人の視点を考慮し、適切なコミュニケーションに必要なことを考える。

● 中学生と高校生は、デジタルメディアが彼らの関係にどのように影響するかを探ることに焦点を当て、自己開示、仲間からの圧力、フォロワーとの対話、異なる意見の視聴者のメッセージへの対処について学ぶ。

（5）ネットいじめ、オンラインのもめ事、ヘイトスピーチ　〜親切と勇気〜

いじめが学校の廊下や校庭で起こるのと同じように、いじめはオンラインやテキストメッセージ上でも起こる。ネットいじめとは、デジタルデバイス、サイト、アプリを使用して、誰かを脅し、傷つけ、動揺させることである。有害で攻撃的なデジタルでの行動は、一回限りのコメントから、繰り返し継続的な嫌がらせまで多くの形態がある。

ネットいじめに加えて、ヘイトスピーチはますます懸念されている問題である。そして、ソーシャルメディア上の人種差別、性差別、同性愛への嫌悪などの書き込みを、多くの子どもは「頻繁に」または「時々」見ている。

ネットいじめ、オンラインのもめ事、ヘイトスピーチについてのレッスンで、中核となるカリキュラムは次のとおりである。

● 中心的な質問：オンラインでコミュニケーションをとるとき、どのように親切に、敬意をもって、礼儀正しくすることができますか？

●子どもたちは、オンラインでのコミュニケーションの方法や他の人への接し方について、現実的でリアルな事例を取り上げる。他者を支持し助ける方法を学び、オンライン上での残酷さと戦い、ポジティブで支援できるオンラインコミュニティを構築するための戦略を学ぶ。

●レッスンでは、「スローダウン（行動する前にスピードを落とす）」、「さまざまな視点の探索」、「考えられる影響の想定」、「行動を起こす」ための検討を支援するための教材を利用する。

●小学生は学習の流れと動画を通じて、よくある行動やいじめがオンラインでどのように発生し、それがどのような感情につながるかを検討する。

●中学生と高校生は、オンラインでの虐待や残虐な行為、および憎悪の行動とはどういうものかを調べ、いじめる側（や傍観者）がいじめの役割を果たす行為に対処する方法を、思考ルーチンを使い学ぶ。より広い責任の輪の中で、他者に対する責任に焦点を合わせる。

（6）ニュースとメディアリテラシー　〜批判的思考と創造〜

ニュースとメディアリテラシーは、学生がメディアメッセージを理解、評価、作成する方法に関連する幅広いスキルをカバーする。この項目には、メディアリテラシー、ニュースリテラシー、著作権、フェアユース（米国の著作権法が認める著作権侵害の主張に対する抗弁事由のひとつ）が含まれ、メディア消費者、およびクリエイターとしての子どもの責任を強調している。

子どもは、家族、教員、その他の大人からのニュースを最も信頼するが、オンラインでのニュースにも関心をもち、オンラインのニュースから学ぶ機会が増えている。

情報の信頼性に対処する場合、メディアリテラシー教育が効果をもたらすことが研究で示されている。場合によっては、政治的な知識よりもさらに重要なことを示している。

多くの教員は、生徒と一緒にフェイクニュース問題に取り組んでいる。 Project Zero の教育者は、情報源を批判的に調べ、多方面で分析し、オンラインニュースを評価する方法を生徒に教えることに加えて、生徒に情報バイアスを認識させ、パロディサイトや偽の記事を特定させ、情報を自分のネットワークに広めるときに慎重に反映させたいと述べている。

ニュースとメディアリテラシーの重要な側面は、メディアとテクノロジー業界の「カーテンを引き戻す」ことだ。これにより、子どもたちは、メディアの生産方法と理由、業界の運営方法を理解できる。業界の多くは広告収入に基づいているため、デジタル時代の広告を理解することは、このカリキュラムの重要な視点といえる。データがどのように使用され、広告主がインターネット上でどのようにそれらをターゲットにする

か、という複雑な状況を理解するためのガイダンスが必要といえる。それにより、教育者は、子どもが広告で問題のあるステレオタイプを特定し、マーケティング担当者の動機を理解することをサポートできる。

ニュースおよびメディアリテラシーに関するレッスンで中核的なカリキュラムは次のような内容である。

●中心的な質問：表示および作成するものについてどのように批判的に考えることができますか？
●子どもたちは、デジタルニュースと情報源の信憑性と信頼性を特定し、思慮深いメディアクリエイターと消費者としての責任をもつためのスキルと気質を養う。
●レッスンでは、「事実と証拠を探究」および「行動する」ことに焦点を当て、メディアリテラシースキルの実用的な応用、展開のための教材（画像分析、動画、学習の流れ）による本格的な学びを行う。
●小学生は、メディアの定義、写真操作、効果的な検索方法、デジタルクリエイターとしての権利と責任、オンラインニュース記事の基本要素の理解など、メディアリテラシーの基本概念に焦点を当てる。
●中学生および高校生は、情報を読み、誤った情報、および偽情報を分析する方法に関するスキルを習得する。また、個人の感情と知識経験のバイアスがニュースの理解をどのように形成するかについても反映する。生徒は、フィルターバブル（見たい情報しか見えなくなること）や反響（いいねやアクセス数）から抜け出す方法を探求する。これは、批判的な思想家であり市民であるという自身や他者への責任といえる。

ここで、ニュースとメディアリテラシーの教材の各校種、学年ごとの教材テーマ、概要を紹介する（表6）。本教材からは、「批判的読解は人権と民主主義のための社会を創る善き一員となるために必要な能力」であるというメッセージを読み取ることができる。

表6　ニュースとメディアリテラシーの教材概要

| 小2 | 他人の仕事をどうやって評価する？ | 私たちの手元には多くの情報があります。児童はオンラインで見つけたコンテンツを使用する際に「信用を与える」ことの意味を学びます。探偵になりきって、子どもたちは、なぜ信用を与えることが重要なのか、また、他人のものである言葉や画像、アイデアを使用する際の正しい方法を学びます。
児童は以下のことができるようになります。
・信用を与えることが、人の仕事に対する敬意の表れであることを説明する。
・インターネット上のコンテンツを、学校の授業で使用した場合の評価を学ぶ。 |

小3	なぜ人はデジタル写真や動画を加工するの？	ウェブには写真や動画などデジタルで加工されたものが溢れています。そして、何が本物で何が偽物かを見分けるのは難しいことがよくあります。そもそもなぜ誰かが写真や動画を改変してしまうのかについて、子どもたちに質問を投げかけられるようにしましょう。 児童は以下のことができるようになります。 ・写真や動画は改ざんされる可能性があることを認識する。 ・誰かが写真や動画を改変するさまざまな理由を特定する。 ・改変された写真や動画を分析しその理由を特定することができる。
小4	創造する側の権利と責任	子どもがネットで見つけた画像を学校の課題や遊びに使うのはよくあることですが、どの画像を使っていいのか、使ってはいけないのか、子どもはよく理解していません。自分が作成した画像を使用する際の権利と責任について学ぶことができます。 児童は以下のことができるようになります。 ・「著作権」の定義と、それが創作物にどのように適用されるかを説明する。 ・創造者としての権利と責任について説明する。 ・著作権の原則を実生活での行動に適用する。
小5	オンラインでニュースを読む	子どもたちは様々な方法でニュースを見つけたり読んだりしています。しかし、研究によると、子どもたちは目にしたものを解釈するのがあまり得意ではありません。では、どのようにして子どもたちの理解力を高めることができるのでしょうか。オンラインニュースの記事の構造を子どもに教えることは重要なことです。 児童は以下のことができるようになります。 ・オンラインニュースページのさまざまな部分の目的を理解する。 ・オンラインニュース記事のパーツと構造を識別する。 ・スポンサー付きコンテンツや広告など、オンラインニュースページを読む際に気をつけるべきことを学ぶ。
小6	信頼できるニュースを読む	ウェブ上には、噂や不正確な情報から、あからさまな嘘やいわゆるフェイクニュースまで、疑わしいものがあふれています。 では、どのようにして子どもが悪い情報を選別し、信憑性のあるものを見つけることができるでしょうか。子どもたちは、なぜ、どのように偽の情報がオンライン上に出回っているのかを調べ、オンライン上で見つけた情報の信頼性を評価する練習をします。 児童は以下のことができるようになります。 ・人々がネット上に偽の情報や誤解を招くような情報を掲載する理由を学ぶ。 ・フェイクニュースと信頼できるニュースを区別する基準を学ぶ。 ・インターネットで見つけた情報の信頼性を評価する練習をする。
中1	フェアユースの4つの要素	子どもたちはメディアの貪欲な消費者であり、創造者でもあり、デジタルコンテンツをオンラインで見つけて共有することはこれまで以上に簡単になりました。しかし、中学生はフェアユース、著作権、パブリックドメインなどの概念を知っているでしょうか。 生徒は以下のことができるようになります。 ・「著作権」、「パブリックドメイン」、「フェアユース」という用語を

		定義。 ・フェアユースの4つの要素の目的を特定する。 ・フェアユースを実世界の例に適用して賛成か反対か主張することができる。
中2	ニュース速報にどう反応すべき？	携帯電話のアラート、ソーシャルメディアの更新、24時間365日のニュースサイクルで、ニュース速報の洪水から逃れるのは難しい。子どもたちは、ニュースが流れたときに自分たちが見ているものを本当に理解しているのでしょうか。ニュース速報の誤った情報や不完全な情報を批判的に分析し、「常にオン」になっているニュースメディア文化の弊害について話し合います。 生徒は以下のことができるようになります。 ・ニュース速報を定義し、なぜ個人や報道機関が最初に記事にしたがるのかを理解する。 ・ニュース速報を分析し、誤った情報や不完全な情報の手がかりを特定する。 ・ニュース速報にすぐに反応した場合の結果について考える。
中3	デマとフェイク	私たちは、聞いたことをすべて信じてはいけないことを知っていますが、目にするものはどうでしょうか？（コンピュータで生成されるグラフィック、顔認識、動画制作の進歩により）容易に拡散する動画には、偽物と見分けるのが難しいものが多く存在しています。ウェブ上で目にするものを「水平方向」に読み取る方法を教えることで、ページを離れ、信憑性を確認し、裏付けを見つける方法を学びます。 生徒は以下のことができるようになります。 ・「誤報」を定義し、オンラインで誤報を広めることの結果を探る。 ・オンライン上の情報の正確性を確認するための戦略として、ラテラルリーディング（固定概念を取り払い複数を見て情報の信憑性を判断、複数を比較考察すること）を使用する方法を学ぶ。 ・疑わしい動画の例にラテラルリーディングを適用し、その正確性を判断する。
高1	確証バイアスへの挑戦	私たちの脳は過去の経験を利用して、その場で迅速な判断を下すことに長けていますが、このような近道は偏りを生じさせることもあります。 「確証バイアス」とは、自分が支持する情報ばかりを集め、反証する情報を見ないようにする脳の傾向のことです。相反するまたは競う意見や考えを調べ、オンラインでニュースに遭遇したときの（疑わしい結論を出さないようにするための方法）確証バイアスに気づくことを生徒に教えます。 生徒は以下のことができるようになります。 ・確証バイアスとは何かを定義し、それがなぜ起こるのかを特定する。 ・特にニュースやオンライン情報に関連した確証バイアスの例を探る。 ・自分自身の確証バイアスに挑戦するための戦略を特定する。

高2	儲けのためのクリック数	よく練られた見出しは、誰にでも利益をもたらします。読者が情報を消化するのに役立ち、出版社はニュース記事を売り込むことができます。しかし、その見出しが誤解を招くようなものだったらどうでしょうか？　クリックしてもらうためだけに作られていたり、誤った情報を広めるために作られていたらどうでしょうか？「クリックベイト（ネット上の扇情的で誤解を招く虚偽、誇大広告）」の見出しは広告主や出版社の利益になるかもしれませんが読者の利益にはなりません。生徒がクリックベイトを見たときにそれを認識し、分析できるようにしましょう。 生徒は以下のことができるようになります。 ・広告主や出版社がオンライン広告でどのように収益を上げているかを説明できる。 ・クリックベイトがフェイクニュースや誤報の拡散にどのように貢献するかを説明する。 ・思考ルーチンを使用して、フェイクニュースや誤報と戦うことが、誰の責任であるかについて、さまざまな視点から考えることができる。
高3	フィルターバブル（見たい情報しか見えなくなること）のトラブル	私たちがソーシャルメディアのフィードからニュースを得るとき、それは多くの場合、私たちに物語の一部を教えてくれるだけです。友人とウェブサイトのアルゴリズムは、同一の視点を私たちに与える傾向があります。生徒に、フィルターバブル（見たい情報しか見えなくなること）から抜け出す方法を示し、彼らの考えが調整されていることを確認してください。 生徒は以下のことができるようになります。 ・フィルターバブルを定義し、それがどのように発生するかを説明する。 ・フィルターバブルが引き起こす限界と欠点について考える。 ・自分自身のフィルターバブルから脱出するための戦略を特定する。

4　まとめと課題

　本稿では、デジタル・シティズンシップ教育は「オンラインおよびICTの利活用を前提」とし、その環境で安全かつ責任をもって「行動するための理由と方法」を主体的に学び、仕組みを理解するだけではなく「情報技術に関連する人的・文化的・社会的諸問題を理解し、法的・倫理的にふるまう」ための「能力とスキル」を育成する教育であるということを解説した。更に、米国における著名な教育教材であるCommon Sense Educationの概要を整理し、「子どものICTの利活用や創造性の育成を阻害しない学び」「子どもを信頼し、ソーシャルメディアの利用や利点に共感する」「知識、経験、習慣、技術で解決できないような場面に直面したとき、行動するための対処する方法、準備を学ぶ」「利用実態に沿うテーマ設定で、デジタルライフでの現実的なジレンマを丁寧にカ

バーする」「異なる価値観に配慮し、互いの合意形成を図りながら寛容さをもって新たな約束を作り、確実に実行できるようサポートする」という特徴を報告した。

　最後に、このデジタル・シティズンシップ教育を日本で実践するにあたり、想定される課題と提案を述べたい。

1．日本の情報モラル教育では、「児童生徒のネット利用は依存やトラブルにつながりやすい」という前提で、危険な目に遭わないために学習するという教材が多く見られる。デジタル・シティズンシップ教育を日本で実践するためには、教育者及び保護者の意識を「ICTの利活用を前提とし創造性を育成する学び」と大きく転換する必要がある。「学習者中心に実践」し、「多様な価値観、捉え方に配慮しながら議論し、実現可能な約束を検討」していく。つまり、学習者に対する教育実践のあり方そのものを見直す必要がある。

2．「児童生徒の端末の利用を肯定的に捉え、子どもを信頼し、守りにくい約束で子どもに負荷をかけない」というデジタル・シティズンシップ教育の姿勢は、日本の多くの学校での生徒指導の方向性と相反する。子どもを信頼し、共感し、その上で、安全、合法的かつ倫理的な使用を促す学びを展開する必要がある。

3．知的財産への義務だけではなく権利についても理解させ、メディア消費者および「創造者」としての子どもの責任を強調する必要がある。単にコンテンツの消費者という立場だけではなく、創造者という視点でその権利と責任、批判的思考を学ぶことが必要である。

4．デジタル・シティズンシップ教育は、人権と民主主義のための社会を構築する善き市民となるための学びである。インクルーシブな社会の担い手を育成する学びとして、個人の安全な利用のためだけに学ぶのではなく、どのような社会をめざすのかを考え「多様性と寛容さ」を育める市民教育としても提案していく必要がある。

　今後は、これらの課題を踏まえ、日本での実践につなげるためのカリキュラムの提案、具体的な実践方法を学術的に検討していきたい。

参考文献

1　Common Sense Education　（2020更新）
　https://www.commonsense.org/education/（参照日2020年11月１日）
2　International Society for Technology Education（ISTE）（2016 年版）
　https://www.iste.org/standards/for-students（参照日202年４月16日）
3　Media Literacy Now
　https://medialiteracynow.org（参照日2021年４月16日）

4　Media Literacy Now　Qur-an Webb（2017）
https://medialiteracynow.org/connecticut-has-new-media-literacy-and-digital-citizenship-law/（参照日2020年12月1日）

5　Mike Ribble & Marty Park（2019）
The Digital Citizenship Handbook for School Leaders: Fostering Positive Interactions Online

6　Ribble, Mike（2015）. *Digital Citizenship in Schools Nine Elements All Students Should Know*（3rd edition）. International Society for Technology in Education.

7　今度珠美、坂本旬、豊福晋平、芳賀高洋（2019）「アメリカのデジタル・シティズンシップ教育教材の検討と日本における学習実戦の可能性についての研究」日本教育工学会研究会論文集, JSET19-5, pp.27-32

8　今度珠美、坂本旬、豊福晋平、芳賀高洋（2021）「批判的思考をデジタル・シティズンシップに位置付けた米国メディア・リテラシー教育の構成要素と役割の整理」日本教育工学会春期全国大会論文集

9　今度珠美、坂本旬、豊福晋平、芳賀高洋（2020）「『思考ルーチン』を用いたデジタル・シティズンシップ教育実践に関する研究」日本教育工学会春期全国大会論文集

10　坂本旬、芳賀高洋、豊福晋平、今度珠美、林一真（2020）「デジタル・シティズンシップ／コンピュータ1人1台時代の善き使い手をめざす学び」大月書店

11　コネチカット州デジタル・シティズンシップ法
https://medialiteracynow.org/connecticut-has-new-media-literacy-and-digital-citizenship-law/（参照日2020年11月1日）

12　ワシントン州デジタル・シティズンシップ法
https://medialiteracynow.org/what-is-media-literacy/（参照日2021年4月16日）

デジタル・シティズンシップ教育の挑戦

坂本　旬

　2021年1月に発表された中教審答申が提唱する「令和の日本型教育」は、保護主義からエンパワーメントへの移行を基調とする世界の潮流に対応していない。ツールとしてのICTを基盤にするだけでは、デジタル社会に対応することはできない。新型コロナウイルス感染症の流行は格差を拡大しており、世界中で民主主義社会の形成に不可欠な批判的思考の育成と参加型デジタル・シティズンシップ教育が求められている。本章では、これらの視点から新たな教育運動のあり方を検討する。

1　新型コロナウイルス感染症流行と「令和の日本型学校教育」

　新型コロナウイルス感染症の流行のもと、学校現場は大きな困難を抱えている。とりわけ、2020年3月2日から始まった全国臨時休校によって、学校現場は混乱することとなった。文科省による同年6月23日時点での調査[1]によると、4月1日以降も臨時休業を実施した小中学校は99%に上り、そのうち31日から40日休業した学校は小中学校とも35%程度であった。しかし、休業中に実施した学習内容は、教科書などの紙の教材が小中学校ともに100%、教育委員会などが作成した動画の活用が20%あまりであり、同時双方向型オンライン指導については、高校ではほぼ半数の学校が取り組んだにもかかわらず、小学校で8%、中学校でも10%に過ぎなかった。こうした状況はOECD各国の中でもとりわけ教育や学習へのICT活用が著しく遅れている日本で顕著に現れているといえる。PISA2018の調査結果によれば、国語の授業で30分以上デジタル機器を使っている日本の学校は5.4%に過ぎず、83%の学校がまったく使用していないが、OECD各国の平均では22.6%、もっとも多く使っているデンマークでは81.3%である[2]。日常的にICTを活用していないのだから、新型コロナウイルス感染症の流行による遠隔授業の導入がスムーズにいくはずがなかった。

　神奈川県高等学校教育会館教育研究所は、2020年7月25日に現場教職員による報告と

討論会を開催した。そこでは、以下のような意見が出たという。

・オンライン教育の普及は、個性に応じた教育の道を開き、学校制度に対する挑戦となる可能性がある一方で、すでにあった教育格差をさらに拡大し、すべての子どもへの教育保障を危うくする危険性も秘めている。

・オンライン学習環境も含め生徒の多様な学びを保障する環境整備が必要となる。

・Wi-Fi環境、PC、プリンタがない家庭があり、全ての家庭の通信環境を整備する支援が不可欠である。

・オンラインで日本語力がまだ十分ではない在県生徒の学力保障をどう図っていくのか、検討が必要。

・NHKのニュースでは「不登校の生徒が新型コロナウイルス感染症流行のオンライン授業によって授業に参加できるようになった」と伝えていた。なぜ今までそうした取り組みができなかったのだろうか。

・テクノロジーを活用した新しい授業を創造することこそが、教育の質の低下を防ぐために必要である。

・不登校の生徒にとって、新型コロナウイルス感染症流行時の学校は学びやすいものになった。一方、学校を安全な居場所としていた生徒にとっては問題が生じた。大切なのは、教育を取り巻く全体状況を把握し、多様な生徒に対応する柔軟さなのだ。

・私たちは日々の業務に忙殺され、休校期間中に進んだICT化の波も、今また減退してはいないか。[3]

　ある県立高校の教員は次のように書いている。「一家に一台PCはあるが、生徒個人が自由に使うことができない、という風に、まだまだ一人に一台PCを持つのが当たり前だという風潮ではない。さらに、学校側も、国や県から出されるガイドラインに沿って方針を決めるが、意思決定のスピードや内容については、学校間での格差がある。このような、以前から潜在的に存在した問題が授業のオンライン化を余儀なくされる中で可視化された」。[4]

　このように、オンライン授業の利点を感じつつも、ICT環境の不備や学校・自治体間の温度差、格差の拡大への不安など、これまでもあったはずの問題が、新型コロナウイルス感染症の流行によって顕在化したことがよくわかる。現場の教員たちは、決してオンライン授業を否定しているわけではなく、物的人的環境の不十分さとそれらを起因とする格差の拡大に不安を感じている。世界的な新型コロナウイルス感染症の流行は日本におけるICT教育の問題を改めて突きつけたと言ってもよいだろう。筆者らはこれらの問題の根底にある教育理念そのものが問われているのだと考える。それはICTの整備拡充といった問題で解決するものではなく、より本質的な問題である。テクノロジーに対応する教育理念について、これまで十分に検討してこなかった教育学研究の問題でもある。

　今回の新型コロナウイルス感染症の流行の最中、中央教育審議会は、2021年1月26日に「『令和の日本型学校教育』の構築を目指して〜全ての子供たちの可能性を引き出す，個別最適な学びと，協働的な学びの実現〜」を公表した[5]。この答申は、2020年初頭から始まった新型コロナウイルス感染症の流行中および流行後の問題を踏まえた内容となっている。今後のICT教育政策にも大きな影響を与えるだろう。答申は、新型コロナウイルス感染症の流行を踏まえ、今後めざすべき学校教育のあり方を「令和の日本型学校教育」として提示した点がもっとも重要である。各論はこの基本的な考え方の下に整理されている。答申によると、「日本型学校教育」とは「学校が学習指導のみならず、生徒指導等の面でも主要な役割を担い、様々な場面を通じて、子供たちの状況を総合的に把握して教師が指導を行うことで、子供たちの知・徳・体を一体で育む」(p.5)学校教育のことであり、「ツールとしてのICTを基盤」とした日本型学校教育が「令和の日本型学校教育」と定義されている。

　この答申にはいくつかの問題がある。第一に、新型コロナウイルス感染症の流行によって求められるICT環境が大幅に変わったにもかかわらず、伝統的な生徒指導丸抱え型の学校教育システムを維持しようとするため、理念と現実との落差が埋まらず、むしろ大きくなると思われることである。2010年ごろから社会のICT基盤は大きく変わった。世界中でその模索と新たなデジタル教育の原則の確立が進められてきた。そのような世界の潮流を無視することはできない。

　第二に、このことは必然的に教職員の労働の負担を過重なものにする。理念と現実の落差はますます業務を拡大することになると考えられるからである。すでに新型コロナウイルス感染症の流行によるオンライン授業をめぐって、そのことがあらわになっている。

　そして第三に、変化への対応を怠れば、その負担をもっとも負うのは子どもたち自身である。2010年ごろから世界的に始まった新たな情報教育政策は、まさに子どもの現実に対応する新たな子ども像の提示に他ならなかった。答申には子どもの貧困問題については触れられているが、ソーシャルメディアをめぐる本質的な問題に対して十分に触れられていない。

　このような新型コロナウイルス感染症の流行におけるオンライン授業の普及を前提とした新たな教育政策の動向を批判する意見もある。例えば児美川孝一郎は（対面とオンライン指導を組み合わせた教育の）「ハイブリッド化が、家庭でのオンライン学習を自己責任原則のもとに組み込んだような教育課程をつくりあげてしまえば、教師には、自らの手の届かないところでの格差拡大に対して、悲嘆に暮れる以外に術がないことにもなる」[6]と指摘している。しかし、彼の批判には現状を変革する方向性が描かれておらず、「十分すぎるほどに警戒しておかなくてはなるまい」と述べるにとどまっている。すでに触れたように、格差拡大は大きな問題であるが、新型コロナウイルス感染症が流行する時代にいかなる教育理念と政策が求められるのか、国際的な状況を踏まえつつ、

より広い観点から検討する必要がある。

② エンパワーメントの不在

　前節であげた３つの問題についてより詳細に検討しよう。第一の問題は、理念と現実の落差である。2010年ごろを境に、世界中の情報教育政策が大きく変わった。一言で言えば、保護主義的な政策からエンパワーメント主義への転換である。答申は世界の状況についてまったく触れていないわけではなく、指導要領前文にも触れられているSDGsへの指摘については評価すべきであろう。それならばよりいっそうエンパワーメントの観点を前面に出すべきだと思われる。例えば、OECDのPISA2018の結果について、「言語能力や情報活用能力、デジタル時代における情報への対応、複数の文書や資料から情報を読み取って根拠を明確にして自分の考えを書くこと、テキストや資料自体の質や信ぴょう性を評価することなどの課題がある」と書いている。しかし、OECDはPISA2018の結果分析レポートで、より明確にオンラインの情報の質と信頼性の評価能力の重要性を指摘している。文科省はCBT（コンピュータによるテスト）システムの整備に2021年度概算要求として36億円を見積もっているが、問題はCBTではない。

　一方、2019年度補正予算で児童生徒向けの１人１台の端末と高速大容量の通信ネットワークを一体的に整備する「GIGAスクール構想」は、2020年度１次補正予算によって、加速化のための予算が組まれることになった。これは新型コロナウイルス感染症の流行により、2020年度中に家庭への端末の持ち帰りを可能にする環境の整備を求めるものである。文科省は同年４月10日に各都道府県首長及び教育委員会宛に「新型コロナウイルスウイルス感染症対策のための臨時休業等に伴い学校に登校できない児童生徒の学習指導について」を通知し、家庭学習におけるICT活用を求めた。答申では対面授業と遠隔授業を融合した授業づくりの推進を掲げている。しかし、高校段階では「BYOD（Bring Your Own Device）が進んでいることに留意」と書かれているものの、ICTの活用はもっぱら教える道具としての活用である。家庭用に配布される端末が、アクセス制限がかけられ、与えられた学習にしか使えない設定になることは想像に難くない。文科省は2020年５月26日に各都道府県教育委員会「GIGA スクール構想の実現」事務担当者宛てに「『GIGA スクール構想の実現』及び ICT を活用した取組事例に関する資料」を通知しているが、この資料にはOECDの読解力を前提としながら、「検索サイトを活用した調べ学習」として、「一人一人が情報を検索し、新聞記事や動画等を収集・整理」し、「子供たち自身が、アクセスした様々な情報の真偽を確認・判断する」という活用事例を掲載している。

　ところが、同資料には「情報セキュリティや有害情報のアクセス制限、家庭間の公平

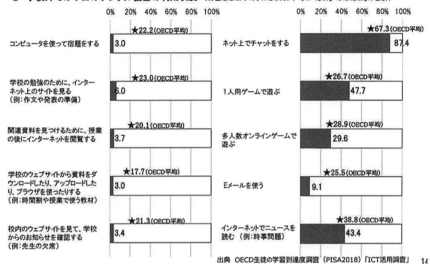

図1
文科省（2020）「『GIGA スクール構想の実現』及び ICT を活用した取組事例に関する資料」p.14より

性等の配慮が必要です。児童生徒が、自身で所有する端末を学校に持ち込むことや、学校の端末を家庭等に持ち帰って活用する場合の考え方については、今回の整備後の活用実態等を踏まえ検討を進めてまいります」とも書かれており、OECDが想定するようなデジタル教育の知見についてはほとんどないのが実態である。図1は、同資料の一部として添付されているものである。日本の子どもたちはゲームやチャットをしたり、インターネットニュースは読んだりしているのに、デジタル端末を学習に使う機会がOECD平均と比較しても極めて低いことが分かる。当然のことながら、ソーシャルメディア上で起こるさまざまな問題や情報の見分けかたについてはまったくと言ってよいほど学習していないのである。

③　不十分な教職員と子ども・青年への支援

　第二に、このような遠隔授業を含め、日常的にデジタル機器を用いておらず、環境も整っていないため、新型コロナウイルス感染症の流行による休校など緊急事態時にしわ寄せが来るのは教員である。『AERA』2020年９月28日号では、オンライン授業に苦戦

する教員の実態が取り上げられた。とりわけ、慣れない動画制作と配信を余儀なくされた教員の日常は過酷である。文科省は「GIGAスクールサポーター」配置推進事業やICT活用教育アドバイザーの活用を進める予定だが、一刻も早い人的支援体制の整備が必要だ。

　そして最後に、何よりも子どもたちの問題である。スマホとともにソーシャルメディアの急速な普及はシェリ・タークルが著した本のタイトルのとおり、『つながっているのに孤独』(2018) な社会を作り出した。その結果、若者たちの不安感や自殺、犯罪を増加させた。一方で、「フェイクニュース」やオンラインのヘイトスピーチが爆発的に増え、若者たちの意識にも大きな影響を与えつつある。新型コロナウイルス感染症の流行によって、子どもたちの問題はより深刻化しつつある。こうした子どもの状況は日本だけではなく、世界中に広がっている。ユネスコによれば、2020年12月１日の時点で約３億2,000万人の学習者が新型コロナウイルス感染症流行の影響を受け、全学習者の18.2%を占めている[7]。そして29カ国で全国的な学校閉鎖が行われている。日本はユネスコのデータでは完全開校の集団に属しているが、アメリカやカナダ、イタリアやインドは部分開校状態にある。

　アメリカの『エデュケーション・ウィーク』誌は３月から10月にかけて、メンタルヘルスに関する緊急病院の診療を受けた子どもは、５歳から11歳までが24%、12歳から17歳までが31%、前年比で増えているという。おそらくこうした傾向は日本でも同様だろう。ワシントン州立大のディアナ・バーチ教授は、社会的孤立によって子どもたちはうつ病や不安を引き起こし、子どもたちの多くは孤独感と悲哀による動揺を感じていると述べている。しかも、子どもたちはそうした感情を自分で表現するとは限らないともいう。そして大人は「しばしば子どもの精神衛生上の問題の深刻さを過小評価している」と指摘している。

　また、ジョージ・ワシントン大学で非常勤教授を務めるニーシャ・サックデフ氏は、子どもたち同士の電話によるネットワークを通じて、子どもと仲間、そして支援する大人とのつながりを維持・強化することに焦点を当てるべきだという[8]。このように、新型コロナウイルス感染症の流行でもっとも懸念しなければならないのは、勉強よりもむしろ、子どもたちの心の問題である。

　OECDは、2020年９月24日、「学校閉鎖期間中のオンライン学習の拡充：新型コロナウイルス感染症危機時の生徒支援における家族と教員の役割」を発表した。そこでは、オンライン教育は学校閉鎖時における能力発達を維持するための「重要なツール」と位置づけつつ、対面教育の代替としては最適とはいえない懸念も残るとしている。そして、単にアクセスを提供したり、デジタル・テクノロジーを利用したりするだけでは、自動的に学業成績の向上にはつながらないと述べる。すなわち、オンライン授業のためにインターネット接続環境や端末を用意してもそれだけでは十分ではない。そのため、

　OECDは政府や学校はオンラインツールを効果的に教育実践に用いることができるよう、教職員への支援が必要だという。それは教員が子どもたちの能動的な学習ができるような教育学に基づいている必要がある。そして、教育実践は、デジタル・テクノロジーやオンラインツールの使用が、学習者のニーズやすでに持っているコンピテンシー、デジタルリテラシーに対応していることを保証するべきであり、教員は生徒を指導し、課題の学習に集中し続けることを支援するためのメンターとしての役割を果たすべきだという。

　OECDの指摘を敷衍すると、新型コロナウイルス感染症流行時代のオンライン授業は、一方向の授業のデジタル版ではないということになる。さらに、子どもたちの学習への動機付けや意欲を支援するための教職員と家庭の役割の重要性が強調されている。低収入家庭や共働きの家庭はなおさらであり、働いている親が、仕事の義務と両立しながら子どもを保育し、学習を支援するための効果的な方法を見出すことは、多くの政府が取り組んでいる重要な課題だとOECDは指摘している。そして次のように結論づけている。「有効なワクチンや治療法が利用できるようになるまでは、今後再びロックダウンが実施される可能性があるため、各国政府は、生徒、保護者、教員、校長がこの大規模なオンライン学習への移行に適応する上で直面している大きな困難を検証し、オンライン学習の潜在力をより引き出せるよう介入することが何よりも重要である。例えば、政府は、まずインフラを整備し、オンライン授業から誰も排除されないようにして、生徒と教員がオンラインツールとテクノロジーを効果的に活用できるよう支援すべきである」。[9]

　OECDの指摘は日本においても重要である。「GIGAスクール構想」や「GIGAスクールサポーター」政策だけでは、こうした問題を解決することはできない。『日本経済新聞』の報道によると、「GIGAスクールサポーター」として「ICT関連の企業OB」を予定しているという[10]。しかし、OECDのレポートからも分かるように、技術的な支援は必要であるものの、それによって子どもたちの精神的な不安を取り除き、子どもたちの学習の動機付けや意欲を高める学校と家庭による支援が可能になるわけではない。OECDが釘を刺しているように、アクセスの提供やテクノロジーの利用が、自動的に子どもたちの学びを保証するわけではないのである。「GIGAスクール構想」の加速化は重要だが、そこに止まっていたのでは問題は解決しない。

　OECDがとりわけ重視する低収入家庭や共働き家庭への支援はデジタル・インクルージョンの理念と深く結びついている。本章の冒頭で紹介した神奈川県高等学校教育会館教育研究所主催の討論会でも、現場の教員たちがもっとも重視したのは、新型コロナウイルス感染症の流行による格差の拡大への懸念からもたらされるデジタル・インクルージョンの理念であった。

　デジタル・インクルージョンについて簡単に説明しておこう。アメリカでは連邦通信

委員会（FCC）による全米ブロードバンド計画導入に対して、インターネットとデジタル機器を活用するための市民のデジタルリテラシー向上の必要性を提起した。その提起に応じて博物館図書館サービス振興機構（IMLS）は2012年に報告書「デジタル・コミュニティの構築：行動のためのフレームワーク」を発表した。この報告書で「デジタル・インクルージョン」の内容として次の３点が挙げられている。

・すべての人が高度なICTの利点を理解している。
・すべての人が高速インターネット接続機器やオンライン・コンテンツに公平かつ手頃な価格でアクセスできる。
・すべての人がこれらの技術を利用して、教育的、経済的、社会的な機会を利用することができる。[11]

　デジタル・インクルージョンは、新型コロナウイルス感染症流行時代の教育に格差を生じさせないための、もっとも基本的で不可欠な教育理念である。そして、それは単なるアクセスやデジタル機器の利用の平等にとどまるのではなく、子どもの不安に対応し、学習の動機付けや意欲を高める学習支援を含んでいる。そしてデジタル・インクルージョンとデジタルリテラシーは、デジタル・シティズンシップの土台である。

④ 新型コロナウイルス感染症流行時代の　デジタル・シティズンシップ

　前節で、新型コロナウイルス感染症流行における学校教育の向かうべき方向性について検討したが、単なるアクセスやデジタル技術の利用にとどまってはならず、新しい社会に対応する教育理念が必要であることを述べてきた。その理念とは、デジタル・インクルージョンであり、デジタル・シティズンシップである。では、新型コロナウイルス感染症流行時代に求められるデジタル・シティズンシップ教育とはどのようなものだろうか。今日、アメリカや欧州のみならず、ユネスコやOECDも含め、世界中でデジタル・シティズンシップ教育運動が進められている。子どもや若者たちからスマホを取り上げたり、怖がらせて使うことをやめさせたりする保護主義的な政策から、日常的に端末を活用することを前提に、ウェルビーイング（幸福であること）や批判的思考の育成を中心としたエンパワーメント主義の教育政策へと舵を切ったのである。それがデジタル・シティズンシップ教育である。
　デジタル・シティズンシップの内容については、アメリカの国際教育テクノロジー学会（ISTE）のリブルが作った９つの要素が有名である。以下にその内容を紹介する。[12]

１．デジタル・アクセス

　情報技術や情報源へのアクセスの公平な分配について学ぶ。デジタル・インクルージョンの理念と関わっている。

２．デジタル・コマース

　デジタル空間での売買に用いるツールや安全対策を学ぶ。

３．デジタル・コミュニケーションと協働

　電子的な交流と共有された創造活動。他の利用者が自分のメッセージを理解できるように、自分の考えをどのように共有すればよいか学ぶ。

４．デジタル・エチケット

　電子的な行動基準や手順であり、デジタル機器を使用する際の他者への配慮を学ぶ。

５．デジタル・フルーエンシー

　デジタル・フルーエンシーとは、情報技術の利用方法を理解し、活用するデジタルリテラシーに加えて、メディアリテラシーおよびオンライン情報を識別する情報リテラシーやニュースリテラシーを統合したものである。

６．デジタル健康と福祉

　デジタル世界における身体的・心理的な幸福を得るために、必要に応じて使い方をコントロールすることを学ぶ。

７．デジタル規範

　デジタル世界での行動に対する責任のことであり、問題に対処するための規則の基礎を学ぶ。

８．デジタル権利と責任

　デジタル世界のすべての人に保障される権利とそのために求められる条件を学ぶ。

９．デジタル・セキュリティとプライバシー

　安全性を確保するための電子的な予防について学ぶ。

　新型コロナウイルス感染症の流行によって、デジタル・シティズンシップはもはや学校教育だけの用語ではなくなったことを強く印象付ける結果となった。なぜならば、新型コロナウイルス感染症の流行は単に子どもたちが学校に行けなくなっただけではなく、大人もまた家に閉じこもることを余儀なくさせたからである。とりわけ新型コロナウイルス感染症の流行はインフォデミックと呼ばれる大量の偽情報の流通をもたらした。さらにアメリカ大統領選挙に代表される世界的な政治的分断状況が偽情報の流通を加速化させるとともに、新型コロナウイルスを作り出したのはビル・ゲイツだとか、そもそも存在しないといった陰謀論が世界中に拡散されたのは周知のことである。このような状況は、デジタル・シティズンシップが単なる学校にとどまらず、大人を含む市民

社会全体の課題であることを浮き彫りにしたと言える。

　バコールズらは、新型コロナウイルス感染症流行時代のデジタル・シティズンシップについて「グローバル・パンデミック下のデジタル・シティズンシップ：デジタルリテラシーを超えて」という論考の中で、先に示したISTEのデジタル・シティズンシップの理論を前提として、新型コロナウイルス感染症流行時代のデジタル・シティズンシップのあり方について検討している。

　著者らは学校が遠隔学習もしくはeラーニングへの移行を余儀なくされた結果、教職員と生徒のデジタルリテラシーの実践を強化することになるだろうと述べるとともに、これを現実のものとするためには、教育者は読み書きに関する狭い定義のもとでデジタル・ツールやデジタル・プラットホームの効果の問題を超えた批判的な会話に取り組む時間と空間が必要だと述べている[13]。そして、新型コロナウイルス感染症の流行時におけるオンライン教育を、ホームスクーリングでもなければ通信教育でもない、危機管理の一形態だとみなす。

　そして、この経験によって、ポスト新型コロナウイルス感染症流行の世界のデジタル・シティズンシップに必要な批判的リテラシー実践に対して、より広範かつ経験的な視点を再創造し、「21世紀の民主主義はどのような市民を必要としているのか」と問うのである。バコールズらによれば、シティズンシップは民主主義、コミュニティ、学校の間の複雑な相互作用であり、民主主義は政府の形態以上のものである。そこには価値観を共有するコミュニティと社会的・政治的活動に責任を持って関与する市民が必要であるという。しかし、民主主義は直接教えることはできず、批判的デジタル市民リテラシーは、より一般的な民主主義的市民活動と同様に、市民活動についての学習から、対面、オンライン、そしてその間のあらゆる空間での民主主義的なコミュニティへの参加と関与へと移行することを必要とすると指摘している[14]。

　著者らはデジタル・シティズンシップの土台としてのシティズンシップに焦点を当て、この概念を単なる個人的な責任に基づいて決定される状態として考えるべきではなく、日常の実践を通じて絶えず他者との関係の中で変化する道徳的・市民的アイデンティティの発達といった複雑な社会的文化的視点から見るべきであり、シティズンシップは参加するものとしてみなされなければならないという。こうして、デジタル・シティズンシップは、子どもたちのみならずすべての市民にとって不可欠な資質であることが明らかになる。デジタル市民になるために必要なのは、技術的なスキルだけではなく、市民としてのアイデンティティを確立し、オンラインでの複雑な対話のプロセスに自分の考えをもって立ち向かうことのできる資質や能力である。バコールズらは次のように述べている。

　　教育は不平等の上に築かれ、永続させる機能不全の市民生活を受け入れるために若

者を訓練することをやめ、学校が、若者が自分たちのリテラシーを用いて、自由な市民の未来を夢見てデザインすることを支援するデジタル・シティズンシップの視点に向かって進まなければならない。[15]

　こうした観点から、著者らは技術的な能力と単純化されたルールを中心としたデジタル・シティズンシップのカリキュラムから参加型のデジタル・シティズンシップへの展開の重要性を指摘する。新型コロナウイルス感染症の流行によってあらゆる年齢層の市民がデジタルリテラシーを用いて情報を得て家族や友人、コミュニティと繋がりをもたなくてはならなくなったために、よりいっそうこうしたデジタル・シティズンシップ教育の発展が求められている。それは新型コロナウイルス感染症流行時代の民主主義の土台となるものである。

　このようにしてバコールズらが注目したのは、ISTEのデジタル・シティズンシップのためのフレームワーク「ディグシットコミット（DigCitCommit）」キャンペーン[16]である。そして著者らはこのキャンペーンから若者たちがオンラインのコミュニティに参加する際に考えなければならない問題として次の4つの問いを挙げている[17]。

　　1．私は、オンライン情報源の正確性、視点、妥当性を評価することで、どのようにして情報を得ることができるだろうか。
　　2．私は、自分とは異なった信念や経験をもつ人々と敬意をもって関わることができるオンラインの場をどのように探したり、発展させたりすることができるだろうか。
　　3．私は、自分のコミュニティに参加し、良いことのための力となるために、テクノロジーをどのように使うことができるだろうか。
　　4．私は、他の活動や社会的交流とのバランスをとるにはどうしたらよいだろうか。

　しかし一方で、バコールズらは、市民がこのような問題を考えるために必要な能力をコンピテンシーと呼ぶISTEの考え方には同意せず、むしろ社会的なリテラシーとして位置付けるべきだと主張している。ここでいう社会的なリテラシーとは、主として批判的デジタルリテラシーのことである。コンピテンシーがいささか曖昧であるのに対して、批判的デジタルリテラシーはより明瞭な内容を持っている。その上で、新型コロナウイルス感染症の流行の観点から、対面とともにオンライン授業においても教室のコミュニティにデジタル・シティズンシップを育成することが大事であるという。

　その上で著者らは、新型コロナウイルス感染症の流行に対応したシティズンシップとデジタルリテラシー実践に子どもや若者たちが批判的に参加することができる具体的な

4つの授業案を提示する。

　一つ目は『ニューヨーク・タイムズ』に掲載された平均外出距離が3.2キロ以内になった時期を示すアメリカの地図と、1.6キロ以内に車もスーパーマーケットもない地域を示したアメリカの地図を生徒に比較させて議論させるものである。『ニューヨーク・タイムズ』の地図だけを見ると、南部の方が新型コロナウイルス感染症の流行にもかかわらず外出しているように見えるが、後者の地図を見ると、南部はより僻地が多いことがわかる。新型コロナウイルス感染症の流行は生死に関わることであるが、他方で政府や自治体、メディアは矛盾したアドバイスを提供することも多い。それゆえに、新型コロナウイルス感染症の流行に関するニュース情報の妥当性を考える力を養うことは極めて重要である。バコールズらはデジタル・テキストの読み解きは事実と虚構を区別するだけではなく、どのような視点があり、どのような視点が欠けているのか、考えることが重要だと述べている。

　二つ目は、次のような質問に対してディスカッションする授業である。誰にとっても安全で歓迎されていると感じられる環境を作るにはどうしたらいいか。どのようにオンライン・スペースを使って他の人の経験を学ぶことができるか。さまざまな問題に直面している可能性があるクラスの生徒の気持ちに敏感に対応するにはどうしたらよいか。自分たちが効率的にものごとを生み出す場で生活し、仕事をしていると確認するには、どのような方法があるだろうか。自分の意見に同意できない意見に出会ったとき、私たちはどのような対応をすればよいだろうか。

　生徒を建設的な対話に参加させることは、効果的なコミュニケーションを可能にするインターネットのエチケットを理解する一つの方法になる。

　三つ目は、ソーシャルメディアで社会問題に注目を集めるために、どのようなハッシュタグが使われているか調べるとともに、自分が民主主義的でポジティブなメッセージを広めるためにどのようなハッシュタグを使うか、討論するというものである。

　著者らは学校という概念が教職員と子ども、青年が毎日集まる物理的な場から、同期・非同期の接続を可能にするデジタル・プラットフォームの集合体へと変化しつつあるという。そのため、教職員と子ども、青年はどのようにオンライン・コミュニティを維持するかという問題を考えなくてはならない。また、オンラインの教材も参加型へとシフトする。このように考えると、ソーシャルメディアの活用は必然的だとも言える。ソーシャルメディアのディスコースの種類やオンラインの匿名性がもたらすレトリックの問題に対応するためには、大人や教職員がモデルとなる必要がある。また、生徒は、ソーシャルメディアのアカウントやオンライン記事、投稿コメントなどを含むデジタル・テキストが検討できるようにデザインされた学習過程に参加する必要がある。この学習では、考えたことをそのまま言葉にする思考発話法（think-aloud）を用いることが有効である。

　四つ目は、パソコンやスマホの画面を見る時間と他の活動や社会的な交流とのバランスをどのように取ればいいか生徒に考えさせる学習である。生徒にオンラインでどのぐらいの時間を費やしているのか、日記やメモをつけて振り返らせる。そして生徒たちは自分の周りで何が起こっているのか振り返るのである。これは投稿や共有する必要がなく、個人的な振り返りに焦点が当てられる。こうした学習によって、新型コロナウイルス感染症の流行の間、画面を見る時間がどのぐらいなら生産的健康的なのか探究することができる。

　バコールズらは最後にデジタル・シティズンシップの根底にある倫理的な問いを提起する。それはオンラインで誰の声が欠けているのか認識し、テクノロジーへのアクセスと公平性を促進するためにはどうすればよいかという問いである。この問題は単に教室で教えるだけではなく、「正義を志向したデジタル・シティズンシップに取り組むよう、私たち一人一人に呼びかけている問題」だと指摘している[18]。

　この問いは、本章冒頭で紹介した神奈川県高等学校教育会館教育研究所による現場教職員による報告と討論会で、まさに中心的な問題点として議論された問いであり、OECDもまた新型コロナウイルス感染症流行における教育政策の重要な視点として提示した問いでもあった。デジタル・シティズンシップの根底にあるのはまさにデジタル・インクルージョンであり、デジタル・シティズンシップが新たな民主主義社会の土台に位置づくことを確認するためにも、この問いは絶えず問い続けられなければならない。それは新型コロナウイルス感染症の流行における教育政策の課題であるとともに、新型コロナウイルス感染症の流行時における教育内容としても重要である。教職員が児童生徒とともにこの問題に対して実践的に取り組むことが何よりも必要なのである。

5　終わりに──新たな教育運動の展望

　新型コロナウイルス感染症流行はデジタル・シティズンシップの理念が単に教育の場だけにとどまらず、市民にとっても重要であることを示してきた。バコールズらの問いかけや授業案は教職員や児童生徒のみならず市民にとっても重要な視点を投げかけている。新型コロナウイルス感染症流行はまさに地球規模の課題であり、その対応は地球規模の観点から論ずる必要がある。

　本章で検討してきた中教審答申では、新型コロナウイルス感染症緊急事態宣言下の2020年4月27日、中教審初等中等教育分科会・新しい時代の初等中等教育の在り方特別部会合同会議で取り上げられたデジタル・シティズンシップ教育については一切触れられておらず、従来の情報モラル教育の推進にとどまっている。しかし、これまでの情報モラル教育では、インターネットを自由に使いこなすための教育内容も方法も持ってお

らず、研究も実践も圧倒的に不足しており、オンライン情報の真偽の見分け方や、ヘイトスピーチへの対応、自らのプライバシーやアイデンティティの保護など、ソーシャルメディア社会を生きるための基本的な知識やスキルのための教育が準備されていない。答申には、その認識が決定的に欠けている。

インターネットはもはや市民社会のインフラであり、情報社会の影への対応としての情報モラル教育ではなく、SDGsの理念に基づいた、市民社会へ参加する市民を育成するための基本的知識とスキルを系統的に教えることなしに、1人1台の端末時代を迎えることはできない。「令和の日本型学校教育」ではなく、SDGsと世界の教育政策の潮流に合わせた「21世紀のグローバル型学校教育」が今こそ求められている。地球規模の課題に対して教育運動もまた地球規模の視点から行われなければならない。とりわけ、教育はSDGsの第4目標に掲げられた重要課題の一つである。私たちはこの世界的規模にもたらされた格差拡大という課題に対して悲嘆に暮れ、警戒している余裕はない。世界中で進められている運動と接続しあいながら、課題解決に向けて学校、地域、国、世界レベルでの交流と協働のための運動を今すぐ進めるべきである。

2020年11月、ユネスコは、韓国ユネスコ国内委員会協力のもとにオンラインで開催されたグローバル・メディア情報リテラシー・ウィークを通じて宣言を発表した。そのタイトルは「万人のための万人によるメディア情報リテラシーに関するソウル宣言―ディスインフォデミック（偽情報大流行）からの防御―」である。デジタル・シティズンシップはユネスコのメディア情報リテラシーと深く結びついている。メディア情報リテラシーはデジタル・シティズンシップの一部であるとともに、理論的土台である。そして今回のソウル宣言の中核に位置づくのは、格差拡大の問題に焦点化されたデジタル・インクルージョンなのである。以下にソウル宣言を紹介する。

万人のための万人によるメディア情報リテラシーに関するソウル宣言
―ディスインフォデミックからの防御―

■ 前文

新たな情報の潮流やデジタル技術の飛躍的発展、メディアとコミュニケーション・サービスの爆発的な成長が世界中の人々の生活を圧倒する状況と、それに伴う課題を認識する。すなわち以下の点である。

・今日の世界において、新型コロナ・パンデミックと命を危険に陥れる偽情報の洪水、いわゆる「ディスインフォデミック（偽情報大流行）」を考える。

・メディア情報リテラシー（MIL）は、ディスインフォデミックに対処するためのコ

ア・コンピテンシーであり、MILは情報へのアクセス、表現の自由、プライバシーの保護、暴力的過激主義の防止、デジタル・セキュリティの促進、ヘイトスピーチと不平等との闘いに対しても貢献できることを強調する。

・MILは多様性を促進し、とりわけ社会的に疎外された人々が自分たちの世界観を表現するコンテンツを制作し、発信する能力に関連していることを認識する。

・17の持続可能な開発目標（SDGs）、とりわけ「平和、正義、強力な制度」に関するSDG16のターゲット10（情報へのアクセス）、「万人のための質の高い教育」に関するSDG4、「ジェンダー平等と女性と女児のエンパワーメント」に関するSDG5、「ディーセントジョブと経済成長」に関するSDG8、「持続可能な都市とコミュニティ」に関するSDG11などの達成に貢献する上でのMILの重要性を強調する。

・2020年は、2019年11月の第40回ユネスコ総会において公式にグローバル・メディア情報リテラシー・ウィークが宣言されて以来、初めての祝賀行事であることを認識し、ユネスコMILアライアンス2.0の設立を歓迎する。

・ユネスコが、都市空間におけるMILに関する創造的な学びを刺激し、MILの推進に従来関わりを持たなかった人々の関わりを促すためのグローバルMILシティの枠組みを推進していることを認識する。

・デジタル・コミュニケーション、経済・社会の発展、社会的相互作用においてますます重要な要素となっている人工知能（AI）の倫理性に関する道具を開発しようとするユネスコの作業とMILとの関連性に注目する。

・グルンバルト宣言（1982年）、情報リテラシー社会に関するプラハ宣言（2003年）、情報リテラシーと生涯学習に関するアレキサンドリア宣言（2005年）、MILに関するフェズ宣言（2011年）、MILに関するモスクワ宣言（2012年）、デジタル時代のMILに関するパリ宣言（2014年）、変化するメディアと情報の状況におけるメディア情報リテラシーに関するリガ勧告（2016年）、メディア情報リテラシーに関するユース宣言（2016年）、カンティマンシスク宣言「開かれた政府の文化を構築するためのメディア情報リテラシー」（2016年）、ユネスコの「MIL都市のためのグローバル・フレームワーク」（2018年）など、これまでの宣言に示されたMILの発展の精神を再確認する。それゆえに、

　私たちは、2020年グローバル・メディア情報リテラシー・ウィークの特設会議およびユース・アジェンダ・フォーラムの参加者として、MILへの新たな支援を宣言する。

　私たちは、MILだけではパンデミックを含むすべての問題の解決法にはならないことを理解している。しかし、持続可能でインクルーシブな社会を構築するために、教育、社会、経済システム全体を通して、MILがさらに認識され、評価され、より積極的なアプローチの一環として適用されるべきだと主張する。

　私たちは次のように主張する。批判的思考に取り組んでいるすべての人のためのメ

ディア情報リテラシーを強化することが、人々がICTと関わる際の批判的思考と真偽判別力を強化する持続可能なアプローチをもたらす。とりわけ危機的な状況下でのICTとの関わり方について、人々の批判的思考と識別力を強化するのである。したがって、私たちは、デジタルでつながる時代に「万人のための万人によるメディア情報リテラシー」を促進すべきであると考える。

これに関連して、私たちは次のことを約束する。

1．情報へのアクセスや質の高い教育など、パンデミックによって大きく拡大した格差への幅広い取り組みを通して、MILを推進し、誰一人として取り残さない。

2．インターネット通信回線業者、学識経験者、NGO、国際・地域組織、通信規制当局、メディア、市民社会、若者、コミュニティからのMILおよびMIL政策への参加を促進する。

3．ディスインフォデミック、気候変動などに取り組むためにMILの取り組みを強化することを提唱するとともに、人権であるだけではなく、偽情報の解決策の一部でもある表現の自由と情報へのアクセスの尊重を求める。

4．AIなどの技術の透明性、包括性、安全性を確保するために、機関や企業の倫理的枠組みにMILへの配慮を取り入れる。

5．技術決定論に対処するためのMILイニシアティブを提唱する。

▌行動の呼びかけ

私たちは、国から都市にいたるまで、自治体や政府に対し、以下のことを求める。

1．教育、健康、選挙、子どもの保護、気候、ジェンダー平等、およびいくつかの事例に触れるガバナンスや規制を含む、すべての関連領域を横断する政策および資源配分を通じて、「万人のための万人によるメディア情報リテラシー」の推進に関与すること。

2．MILの行動を各国のコロナ対策に統合し、将来起こりうる危機を考慮した市民の情報弱体化への抵抗力を構築するための資源を割り当てること。

3．すべての世代にデジタル時代の生涯学習を保障し、国内および国際的MIL政策、カリキュラム、プログラムの開発を支援する。

4．フォーマルな教育制度の内外を問わず、現在のMIL教育者および潜在的なMIL教育者のスキルアップと訓練を支援する。

5．女性・女児を含む、疎外される危険にさらされているグループを優先的に位置づけてMIL政策を策定し、これらのグループがMILのエンパワーメント活動の受益者となることを保証する。

6．若者と市民社会の声が届くよう、MIL政策決定へ彼らの積極的な役割を果たすべく

彼らの参加を増大させる。

7．各省庁、有権者教育機関、市当局、教育機関、通信規制機関、メディア機関、図書館、研究機関との連携を強化し、MILの認知度向上を図る。

8．都市をユネスコMILシティに変え、都市に住む人々をコミュニケーションと情報のコンピテンシーを有するようエンパワーメントする。

9．科学者や学術界のネットワークと積極的に協働し、政府、国、地方レベルでのMIL活動と政策を確実なものとし、信頼性と関連性が高く、時宜にかなう情報源をMIL関連活動の実践に統合する。

10．MILへの意識化と認知度を高めるために、各省庁、有権者教育機関、市当局、教育機関、通信規制機関、メディア機関、図書館、青少年情報サービス、研究機関との協力を強化する。

11．現代的規制、メディアとテクノロジーのガバナンス、図書館の発展、テクノロジーデザインのための重要なツールとしてMILを推進する。

私たちは市民社会、メディア、若者、学術機関、研究者に以下の活動を求める。

1．ユネスコMILアライアンス、MIL異文化対話大学ネットワーク、ユネスコチェア・UNITWINネットワークなど、MILに関連するネットワークに参加して、専門知識や見識を共有し、MILプログラムの影響を評価する。

2．新型コロナによるディスインフォデミックへの対応と将来のディスインフォデミックに備えるため、国、地域、世界レベルでの協働行動を計画し、実行する。

3．ユネスコの教職員用MILカリキュラムの改訂のための協議プロセスに貢献する。これには生涯学習教育者およびフォーマルな教育以外の教育者（図書館司書など）のためのシラバスを含む。

4．MILに関する国内および国際的なガバナンスと政策によりいっそう関与する。

5．多文化・多言語コミュニケーションや言語に関する権利保護、さらに弱者や疎外された集団とのコミュニケーションの障壁の打破など、これらの問題に取り組んでいるMILの枠組みを促進する。

6．MILが感情のリテラシーやその他のコンピテンシーなど、心理的・社会的健康への貢献について、学際的な研究を促進する。

7．伝統的メディアの視点からさまざまな分野での取り組みや成果を学ぶために、MILのネットワークや議論に参観・参加する。MIL活動は、ジャーナリズム分野の専門家と同様にメディアや情報の価値に関心を持っている。

私たちは、インターネット通信事業者を含む民間企業に以下のことを呼びかける。

1．マルチステークホルダー制度を通じて偽情報に取り組み、メディア情報リテラシー

を持ったコミュニティを構築するための社会的努力の一環として、説明責任のある役割を果たす。

2．MILをユーザーサービスや標準的な業務手順に統合するための資源を割り当て、新型コロナのディスインフォデミックに対する防御としてのMILの役割を強化する。

3．MILの政策立案、制度的な能力の強化、教職員、市民社会、保健ワーカーなどの関係者への訓練に対する資源の支援を増やす。

4．若者によるMIL普及のための取り組みなど、若者へのMILを推進する。

5．MILに関する科学的・学術的研究システムを支援するための具体的なプログラムを開発する。

6．企業の権利尊重義務の一環としてMILを推進し、表現の自由、情報へのアクセス、プライバシーなどの人権を支援する。

7．AIやその他の新技術を活用したMILの社会イノベーションとこれらの取り組みに社会的弱者グループの参加を促進する。

我々は、ユネスコに対し、他の国連機関と協力して以下のことを要請する。

1．ユネスコは、メディア情報リテラシーの分野における主要な国際機関であり、政策に影響を与える存在としての役割を維持し、さらなる可能性を実現するために、この活動に対する十分な支援を確保すること。

2．ユネスコCOVID-19レスポンス・プログラムの他分野への導入にMILを継続的に組み込むこと。

3．民間部門を含む多様な利害関係者を巻き込んで、偽情報への取り組みに参加させ、デジタルスキルを含むデジタル格差を解消するための取り組みにMILが含まれるようにする。

4．MILの取り組みに社会的弱者グループを含めることに焦点を当て、MILに関連したジェンダー平等の促進を継続する。

5．国連機関内でのより積極的なMIL協力に向けた取り組みを行う。

6．国連による「グローバル・メディア情報リテラシー・ウィーク」の公式宣言を支持する。

7．「万人のためのMIL」を緊急優先事項として宣言するための取り組みを強化する。

※ アジア太平洋メディア情報リテラシー教育センターHPより

注
1　文部科学省「新型コロナウイルス感染症の影響を踏まえた公立学校における学習指導等に関する状況について」（2020年7月17日）
https://www.mext.go.jp/content/20200717-mxt_kouhou01-000004520_1.pdf
2　国立教育政策研究所（2019）「OECD生徒の学習到達度調査（PISA）〜 2018 年調査補足資

料〜生徒の学校・学校外におけるICT利用」2019年12月、p.4.

3　以下の記事より抜粋。「ねざす」No.66、2020年11月、神奈川県高等学校教育会館教育研究所編、pp.4〜25.

4　同上、p.24.

5　文部科学省「『令和の日本型学校教育』の構築を目指して〜全ての子供たちの可能性を引き出す、個別最適な学びと、協働的な学びの実現〜（答申）」
https://www.mext.go.jp/b_menu/shingi/chukyo/chukyo 3 /079/sonota/1412985_00002.htm

6　児美川孝一郎（2020）「公教育のハイブリッド仕様へ？：自己責任化する学びと教師の働きがい」『教育』2020年12月号、旬報社、p.93.

7　UNESCO.（2020）COVID-19 Impact on Education
https://en.unesco.org/covid19/educationresponse（2020年12月 1 日現在）

8　Sarah D. Sparks.（2020）"Children's Mental Health Emergencies Skyrocketed After COVID-19 Hit. What Schools Can Do" —— Inside School Research, Education Week, November 12, 2020.
http://blogs.edweek.org/edweek/inside-school-research/2020/11/new_federal_data_confirms_pandemic_child_mental_health_emergency.html?cmp=soc-edit-tw

9　OECD.（2020）"Strengthening online learning when schools are closed: The role of families and teachers in supporting students during the COVID-19 crisis".
http://www.oecd.org/coronavirus/policy-responses/strengthening-online-learning-when-schools-are-closed-the-role-of-families-and-teachers-in-supporting-students-during-the-covid-19-crisis-c 4 ecba 6 c/

10　「全教員にデジタル指導力　政府目標専門家9000人派遣」『日本経済新聞』2020年11月23日（2020年11月23日15：50更新）

11　Institute of Museum and Library Services.（2012）*Building Digital Communities: A Framework for Action.* p.1.
https://www.imls.gov/publications/buildingdigital-communities-framework-action
デジタルリテラシー、デジタル・インクルージョンの詳細については以下の論文を参照。
坂本旬（2020）「デジタル・リテラシーとは何か　批判的デジタル・リテラシーからデジタル・メディア・リテラシーへ」『生涯学習とキャリアデザイン』第18巻 1 号、法政大学キャリアデザイン学会

12　Ribble, Mike & Park, Marty.（2019）*The Digital Citizenship Handbook for School Leaders: Fostering Positive. Interaction Online.* ISTE.

13　Buchholz, B and DeHart. J, Moorman, G.（2020）"Digital Citizenship During a Global Pandemic: Moving Beyond Digital Literacy". *Journal of Adolescent & Adult Literacy.* Vol.64, Issue 1, July/August 2020. p.12.

14　同書

15　同書

16　以下のサイトを参照。https://digcitcommit.org/

17　Buchhol, et al. *op. cit.* p.13.

18　Buchhol, et al. *op. cit.* p.15.

執筆者

一般財団法人 教育文化総合研究所
デジタル・シティズンシップ教育プロジェクトチーム

坂本　旬（さかもと　じゅん）
法政大学キャリアデザイン学部教授。著書に『デジタルキッズ──ネット社会の子育て』（旬報社）、『メディア情報教育学：異文化対話のリテラシー』（法政大学出版局）、共著に『メディア・リテラシー教育の挑戦』（アドバンテージサーバー）、『デジタル・シティズンシップ：コンピュータ1人1台時代の善き使い手をめざす学び』（大月書店）、『地域と世界をつなぐSDGsの教育学』（法政大学出版局）など。

石原一彦（いしはら　かずひこ）
岐阜聖徳学園大学教育学部教授。著書に『子どもの力を引き出す授業づくり　きちんと組み立てるコツ！』（ナツメ社）、『ようこそ、未来の教室へ──これがポイント！教師のICT活用』（文溪堂）、共著に『だれもが実践できる ネットモラル・セキュリティ』（三省堂）など。

今度珠美（いまど　たまみ）
鳥取県情報モラルエデュケーター、国際大学グローバル・コミュニケーション・センター客員研究員。共著に『デジタル・シティズンシップ：コンピュータ1人1台時代の善き使い手をめざす学び』（大月書店）、『スマホ世代の子どものための情報活用能力を育む　情報モラルの授業2.0』（日本標準）など。

豊福晋平（とよふく　しんぺい）
国際大学グローバル・コミュニケーション・センター主幹研究員・准教授。著書に『自ら語れば学校はもっと愛される──学校広報の視点から学校ホームページを考える』（プラネクサス）、共編著に『子どもの未来と情報社会の教育（智場#120特集号）』（国際大学グローバル・コミュニケーション・センター）、『デジタル・シティズンシップ：コンピュータ1人1台時代の善き使い手をめざす学び』（大月書店）など。

芳賀高洋（はが　たかひろ）
岐阜聖徳学園大学教育学部教授。監修に『小学校の先生のための Why!? プログラミング 授業活用ガイド』（日経BP）、共著に『若い教師のための深い学びが生まれる算数授業──ベテランの授業を教育研究者が語る』（プラネクサス）、『デジタル・シティズンシップ：コンピュータ1人1台時代の善き使い手をめざす学び』（大月書店）など。

林　向達（りん　こうたつ）
徳島文理大学人間生活学部准教授。共訳書に『情報時代の学校をデザインする：学習者中心の教育に変える6つのアイデア』（北大路書房）、『デジタル社会の学びのかたちVer.2：教育とテクノロジの新たな関係』（北大路書房）など。

デジタル・シティズンシップ教育の挑戦

発行日	2021 年 5 月 31 日　初版
編著者	坂本　旬　石原一彦　今度珠美　豊福晋平 芳賀高洋　林　向達 一般財団法人 教育文化総合研究所 〔デジタル・シティズンシップ教育プロジェクトチーム〕
発行者	則松佳子
発行所	株式会社　アドバンテージサーバー 〒 101-0003　東京都千代田区一ツ橋 2-6-2　日本教育会館 TEL：03-5210-9171　FAX：03-5210-9173 URL: https://www.adosava.co.jp 印刷・製本　モリモト印刷株式会社